영국의 진정한 보석
엘리자베스 2세

영국의 진정한 보석 엘리자베스 2세

2012년 12월 14일 초판 1쇄 발행
2017년 10월 20일 초판 3쇄 발행

글 김은희 / 그림 루루지
펴낸이 이철규 / 펴낸곳 북스
편집 이은주 / 편집디자인 이종한 / 마케팅 이종한

편집부 02-336-7634 / 영업부 02-336-7613 / FAX 02-336-7614
홈페이지 http://www.vooxs.kr / 등록번호 제 313-2004-00245호 / 등록일자 2004년 10월 18일

주소 서울특별시 광진구 동일로 4길 32 2층
값 9,800원
ISBN 978-89-6519-050-9 74800
　　　978-89-91433-70-0 (세트)

잘못된 서적은 구입하신 서점에서 교환하여 드립니다.
이 책은 저작권법에 의해 보호를 받는 저작물이므로 불법 복제와
스캔 등 무단 전재 및 유포・공유를 금합니다.

영국의 진정한 보석
엘리자베스 2세

글 김은희 그림 루루지

머리말

전쟁의 포화를 견뎌낸 여왕, 엘리자베스

'영국' 하면 떠오르는 몇 가지 그림이 있습니다. 유유히 흐르는 템스 강, 웅장한 궁전, 거다란 빅벤 그리고 넓은 초원과 낮은 구릉.

하지만 거기에 한 가지 더 기억해야 할 것이 있습니다. 바로 전쟁이지요. 영국은 1차 대전과 2차 대전이라는 두 개의 세계 대전에 참전했습니다. 그것도 주변국이 아닌 당사자로 말이죠. 그 때문에 영국 곳곳은 전쟁의 포화에 몸살을 앓아야 했고, 수많은 청년들이 죽음을 맞아야만 했지요.

엘리자베스 2세 역시 전쟁에서 자유로울 수 없었습니다. 그녀는 현재 왕관을 쓴 군주 중 유일하게 전쟁의 한복판을 뚫고 나온 여왕이며, 그런 이유로 영국 사람들에게 가장 사랑받는 여왕입니다.

또한 이 책은 우연히 시작된 은채의 마지막 시간여행이기도 합니다. 안타깝기만 한 은채와 후안의 닿을 듯 말 듯한 아슬아슬한 인연의 끈은 과연 이어질 수 있을까요? 아니면 가슴 아픈 슬픔만을 간직하게 될까요?
 모든 의문의 답은 이 책 안에 담겨 있습니다.
 이제 2차 대전이 한창인 영국으로 떠날 시간이랍니다.

새로운 여왕 이야기를 좇는 동화작가 김은희

차례

머리말 전쟁의 포화를 견뎌낸 여왕, 엘리자베스 _6

마지막 **다이아몬드**는 어디에? _10

필립과 **루이** _31

전쟁의 **그림자** _53

폭격당하는 **런던** _84

루이의 두 얼굴 _110

베를린 폭격 _134

승리와 **여왕** _152

너에게 하고 싶은 말 _165

부록 전쟁을 이겨낸 여왕, 엘리자베스 2세 _179

마지막 다이아몬드는 어디에?

　삼촌의 권유로 보석 전시를 앞둔 박물관에 오기 전까지 은채는 공부라면 질색을 하고 멋진 가수 오빠를 좋아하는 대한민국의 평범한 십대 소녀였다. 단지 다른 아이들과 차이가 있다면 반짝이는 보석을 남들보다 조금 더 좋아한다는 것뿐이었다.
　은채가 보석을 유달리 좋아하게 된 것은 보석 큐레이터인 삼촌 기찬의 영향이었다. 기찬은 맞벌이인 부모님을 대신해서 은채를 어렸을 때부터 돌봐 준 보호자이자 친구였다. 가끔 은채는 부모님보다 기찬이 더 가깝게 느껴졌고, 기찬 역시 은채에게 무슨 일이 생기면 열일 제쳐 두고 달려오고는 했다. 사정이 이렇다 보니 은채가 보석을 좋아하게 된 것은 아주 당연한 일이었다.
　지금도 은채의 주머니에는 아주 특별한 네 개의 보석이 들어 있었다. 한눈에 보기에도 진귀해 보이는 커다란 다이아몬드는 놀랍게도 박물관에 전시하기로 예정된 메리 여왕의 목걸이에서 떨어진 것들이었다.

은채는 유리관 안에 들어 있는 메리의 다이아몬드 목걸이를 본 순간 말로 설명할 수 없는 특별함을 느꼈다. 조명 아래 반짝이는 다이아몬드 목걸이는 단번에 은채를 매료시켰다. 그래서 은채는 기찬에게 딱 한 번만 목걸이를 해 보면 안 되냐는 무리한 부탁을 했다.

은채의 간절한 부탁을 기찬은 차마 거절하지 못했고, 은채는 메리 여왕의 목걸이를 목에 걸어 볼 수 있었다.

사고는 그 순간에 일어났다. 한순간 목걸이가 달아오른 듯한 착각에 은채는 목걸이를 세게 잡아당겼고, 동시에 다섯 개의 다이아몬드는 가느다란 줄에서 빠져나와 사방으로 흩어져 버렸다.

은채는 자기가 벌인 사고를 수습하기 위해 다이아몬드를 뒤쫓아 달렸다. 그리고 신기하게도 다이아몬드를 하나씩 찾을 때마다 각기 다른 여왕들의 시대 속으로 들어가는 시간여행을 경험했다. 지금 막 되찾은 네 번째 다이아몬드는 무려 이천년 전 베트남을 독립시키고 왕이 되었던 쯩니와 쯩짝 자매에게서 받아온 것이었다.

또르르.

그리고 지금 은채의 발 앞으로 마지막 다이아몬드가 굴러갔다.

"저기……!"

"잡아야 해!"

은채와 기찬은 동시에 소리치며 다이아몬드 쪽으로 몸을 날렸다. 하지만 다이아몬드는 마치 보이지 않는 실에 매달린 듯 두 사람의 손을 피해 이리저리 굴러갔다. 잡힐 듯 잡히지 않는 다이아몬드 때문에 은채는 입안이 바싹바싹 타 들어갔다.

"저게 누구 약 올리나?"

한참이나 두 사람의 애를 태우던 다이아몬드는 어느 한 전시실 안으로 데굴데굴 굴러 들어갔다. 그곳은 바로 처음 목걸이가 놓여 있던 영국 전시실이었다.

"저기다!"

은채는 다이아몬드를 쫓아 그대로 영국 전시실 안으로 뛰어들었다. 하지만 기찬은 그러지 못했다. 등 뒤에서 자신을 부르는 커다란 목소리가 들렸기 때문이었다.

"기찬씨, 나 좀 봅시다."

기찬이 뒤를 돌아보니 날카로운 눈빛을 가진 남자가 자신을 쏘아보고 있었다. 그는 이번 전시회를 기획한 영국 대사관의 직원이었다. 그의 뒤에는 배가 불룩한 경비 아저씨와 외부에서 급히 달려온 건장한 경비업체 직원들이 뒤따르고 있었다.

"저, 저요? 왜 그러시는데요?"

기찬은 힐끗 뒤를 살피며 물었다. 은채는 벌써 영국 전시실로 들어간 뒤였다.

"목록과 전시물들을 비교하다가 이상한 점이 발견되어서요. 아무래도 전시물 하나가 사라진 것 같단 말입니다."

대사관 직원은 가뜩이나 날카로운 눈을 번뜩였다. 되묻는 기찬의 목소리가 뱀 앞에 선 생쥐처럼 바들바들 떨렸다.

"사, 사라지다니요? 뭐가요?"

"직접 보시는 게 빠르겠군요. 문제의 전시물이 바로 우리 영국의 보물이거든요."

대사관 직원은 성큼성큼 영국 전시실을 향해 걷기 시작했다. 기찬의 얼굴이 하얗게 질렸다.

'으아악! 어떻게 하지? 저기엔 은채가 있는데……!'

은채는 영국 전시실 안으로 뛰어들자마자 다이아몬드부터 찾아보았다. 다행히도 마지막 다이아몬드는 전시실 중앙에 깔린 붉은 카펫 위에 멈춰 있었다. 은채는 다이아몬드와 그 앞에 보이는 텅 빈 유리관 그리고 한쪽 벽에 걸린 메리의 초상화를 번갈아 쳐다보았다.

"뭐야? 결국 메리에게 돌아온 거네?"

은채는 다이아몬드를 집어 들기 위해 몸을 숙였다. 그러다가 문득 바로 옆에 걸린 액자에 눈길이 갔다. 액자 속에는 다른 여왕들과 달리 현대적인 옷을 입고 자동차를 탄 할머니 여왕의 사진이 들어 있었다. 은채는 사진 아래 적힌 푯말을 읽어 보았다.

"엘리자베스 2세……."

바로 그때 등 뒤에서 저벅거리며 이쪽으로 다가오는 발소리가 들렸다. 은채는 급히 다이아몬드를 집어 들었다.

휘이이익!

순간 전시실 안에 거센 바람이 불어닥치는가 싶더니 눈부신 빛이 번쩍 터져 나왔다. 은채는 갑작스레 불어온 바람에 균형을 잃은 채

두 눈을 질끈 감았다.

"뭐지?"

영국 전시실 코앞까지 다가온 사람들은 전시실 안쪽에서 갑작스레 쏟아져 나온 빛을 보며 그 자리에 멈춰 섰다. 그리고 의아한 얼굴로 서로를 쳐다보았다.

"뭔지는 모르지만 일단 들어가 보죠."

주저하는 사람들의 어깨를 밀고 기찬이 가장 먼저 전시실 안으로 뛰어들었다. 지금 기찬의 머릿속은 사라진 목걸이 대신 은채에 대한 걱정으로 가득했다.

하지만 전시실 안으로 들어서자마자 기찬은 그 자리에 멈춰서야만 했다.

"은채가 없어……."

기찬의 뒤를 따라 전시실 안으로 뛰어든 다른 사람들 역시 놀라긴 마찬가지였다. 전시물을 구분하기 위해 쳐 놓은 두꺼운 커튼이 바람에 날리고 있었기 때문이었다. 실내에서는 절대 불가능한 상황이 벌어진 것이었다.

툭!

문득 대사관 직원의 손에서 서류 뭉치가 바닥으로 떨어졌다.

"호, 혹시 여기 유령이 나온다는 소문 같은 게 있나요?"

그의 떨리는 목소리에 경비 아저씨는 그 큰 덩치를 부르르 떨었다.

"헉! 이 사람이 정말. 유령이라니요. 밤새 어떻게 일을 하라고?"

다른 사람들도 놀라긴 했지만 기찬만큼은 아니었다. 기찬의 얼굴은 당장 기절해도 이상하지 않을 정도로 새파랗게 질려 있었다.

'이게 대체 어떻게 된 거야? 분명히 은채가 여기로 들어가는 걸 봤단 말이야.'

기찬은 급기야 휘청거리며 바닥에 주저앉았다. 온몸의 피가 다 빠져나간 기분이었다.

'설마 진짜…… 유령 같은 건 아니겠지?'

"어우, 어지러워. 이러다 정말 멀미하겠다."

수직으로 올라갔다가 그대로 거꾸로 떨어지는 롤러코스터를 쉬지 않고 열 번은 탄 것처럼 은채의 머릿속은 뒤죽박죽이었다. 눈앞은 핑핑 돌고 다리가 후들거려 은채는 그 자리에 주저앉았다.

맨 처음 느껴지는 것은 잔디였다. 웃자란 듯 억세고 따끔거리는 잔디에서는 진한 풀 냄새가 났다. 간신히 어지러움이 가시자 은채는 눈을 떴고, 역시나 진초록의 잔디밭이 눈에 들어왔다.

"우와! 이게 무슨 정원이야? 완전 미술관이다, 미술관."

주변으로 시선을 돌린 은채의 입에서는 자신도 모르게 감탄사가 튀어나왔다. 초록의 잔디밭 사이로는 눈처럼 새하얀 자갈이 깔린 산책로가 있었고, 그 잔디밭에 놓인 다양한 모양의 조각상들은 한눈에 보아도 우아하고 아름다웠다. 활짝 핀 꽃을 형상화하여 세워진 분수대 주변에는 아기 천사들이 섬세하게 조각되어 있었고, 그 주변을 붉은 장미들이 호위하듯 둘러싸고 있었다.

하지만 무엇보다 은채의 시선을 사로잡은 것은 정원 반대쪽에 펼쳐진 호수였다. 물결 하나 일지 않는 잔잔한 호수에는 푸른 하늘빛이 그대로 담겨 있었다.

"호수? 대체 여긴 어디인 거야?"

은채는 깜짝 놀란 눈으로 뒤를 돌아보았다. 그리고 그대로 입을 쩍 벌렸다. 약간은 딱딱해 보이는 중세풍의 웅장한 궁전이 보였기 때문이었다. 벽 전면에 난 수많은 창문들과 건물 전체를 지탱하는 기둥들, 입구에 세워진 거대한 사자상을 보는 순간 은채는 비명을 질렀다.

"버킹엄 궁전?"

아무리 은채라도 버킹엄 궁전은 알아볼 수 있었다. 근위병들의 근무교대식과 다이애나 왕세자비의 비극적인 사건 그리고 최근에는 윌리엄 왕자와 케이트 미들턴의 결혼식, 런던 올림픽 등 영국과 관련된 수많은 텔레비전 프로그램에서 반복해서 보여 주었던 배경화면이 바로 버킹엄 궁전이기 때문이었다.

"그렇지. 여왕 하면 영국이지."

은채가 더욱 흥분한 이유는 이곳이 바로 영국, 그중에서도 신기한 시간여행이 시작된 런던이라는 점이었다. 메리의 목걸이 덕분에 환상적이면서도 신비한 여행을 할 수 있었고, 전에는 생각지도 못했던 역사 속의 여왕들을 직접 만나 그들의 강한 의지와 그들이 처한 상황 그리고 사랑을 직접 보고 느낄 수 있었다.

그리고 또 한 사람, 스페인의 왕족이면서도 바람보다 더 자유로웠던 후안과의 인연이 시작된 곳 역시 바로 이곳 런던이었다. 그와의 특별한 인연은 그 뒤로도 이어져 시간여행을 하는 곳마다 은채는 다른 이름, 다른 성격을 가진 후안을 만나게 되었다. 그리고 이곳에서 은채는 틀림없이 또 다른 후안을 만날 것이었다. 그의 따뜻한 눈빛과 부드러운 미소를 떠올리는 것만으로도 은채의 심장은 두근거렸다.

"후아! 여기에서는 누구를 만나게 될까?"

벅찬 마음으로 은채는 숨을 깊게 들이쉬었다. 그리고 그 순간 코를 꽉 틀어쥐었다.

"으으윽! 이게 대체 무슨 냄새야?"

코끝을 찌르는 악취는 버킹엄 궁전을 마주한 감동을 단번에 날려 버릴 정도로 지독했다.

"아니, 왕궁에서 이게 웬 시골스러운 냄새야?"

은채는 코를 킁킁거리며 냄새가 나는 곳을 찾아 걷기 시작했다. 그러자 정원 한쪽 구석에 얼기설기 세워 놓은 나무 울타리가 보였다. 울타리 안에서 자라고 있는 것은 아름다운 정원과 어울리지 않는 채소들이었다. 종류도 다양했다. 키가 큰 옥수수부터 지지대를 휘감은 오이와 토마토 덩굴에는 잘 여문 열매들이 주렁주렁 매달려 있었다. 당근과 감자, 고구마, 피망, 상추에 심지어 로즈마리나 재스민 같은 허브들도 무럭무럭 자라고 있었다. 굳이 더 확인해 보지 않아도 냄새는 이곳에서 풍겨 오는 게 틀림없었다. 은채는 조심스럽게 울타리 안으로 한 발짝 들어섰다. 그러자 냄새는 더욱 지독해졌다.

"아니, 이게 뭐야? 왕궁에 웬 농장? 주말농장 체험이 요즘 유행인가?"

바로 그때, 은채의 발이 뭔가를 질끈 밟았다. 미끈거리고 끈적거리는 느낌에 은채는 천천히 아래를 내려다보았다. 발밑에 깔린 새까맣고 질척거리는 덩어리는 절대 진흙일 리가 없었다.

"으아아악! 난 몰라!"

촤아아악!

하지만 비극은 아직 끝난 것이 아니었다. 울상이 되어 비명을 지르는 은채의 머리 위로 한 양동이나 되는 물이 쏟아졌던 것이다. 그것도 시원하고 깨끗한 물이 아니라 미지근하고 냄새나는 물이.

"끄아아악! 도저히 못 참아. 누구야? 당장 나와!"

머리끝까지 화가 치민 은채가 버럭 소리쳤다. 그러자 키 큰 옥수수 줄기 사이로 누군가 삐죽 얼굴을 내밀었다.

"어? 넌 누구야?"

"누구긴! 고은채다. 그러는 넌 뭐야?"

"나? 난 엘리자베스. 릴리벳이라고 부르면 돼. 그런데 넌 대체 여기서 뭐해?"

릴리벳은 강아지처럼 까만 눈동자에 뽀얀 얼굴의 소녀였다.

"내가 뭐하는 것 같아 보여? 네가 뿌린 물을 뒤집어썼잖아? 또 퇴비도 밟고."

은채는 한 차례 진저리를 친 뒤 릴리벳을 노려보았다.

"말이 나왔으니까 말인데, 무슨 정원사가 사람이 있는지 없는지 확인도 안 하고 아무 데나 물을 뿌려? 내가 아니라 지나가던 공주나 왕자가 맞으면 어쩌려고? 심술 맞은 왕족이면 넌 바로 감옥으로 끌려갈지도 몰라."

릴리벳은 은채의 말에 풋 하고 웃음을 터뜨렸다.

"푸하하하! 지금이 어느 시대인데 물 조금 튀었다고 감옥까지 가니? 중세도 아니고."

"그, 그런가? 감옥은 좀 무리수였다."

"그리고 여기를 지나는 다른 왕족은 없어. 내 담당이거든. 어머니나 아버지, 동생은 여기 안 와."

릴리벳이 말했다. 은채는 무심코 고개를 끄덕이려다가 눈을 크게 떴다.

"어머니랑 아버지, 동생이…… 왕족이야?"

"응."

"그럼 넌……?"

"공주."

은채는 릴리벳을 다시 한 번 천천히 살펴보았다. 구불거리는 검은 머리카락과 그 위에 쓴 챙이 넓은 밀짚모자부터 아무 장식도 없는 투박한 원피스, 진흙이 묻은 구두까지 어디를 봐도 릴리벳은 공주로 보이지 않았다. 은채는 코웃음을 쳤다.

"거짓말. 내가 비록 지금 꼴이 웃기긴 하지만 공주들은 많이 만나 보고 다녔거든? 그것도 동서양 가릴 것 없이 골고루. 근데 넌 아니야. 네가 어딜 봐서 공주니?"

"하, 하지만……."

"게다가 무슨 공주가 농사를 지어? 그것도 그 꼴로."

은채는 진흙이 덕지덕지 묻은 릴리벳의 치맛단을 가리켰다. 릴리벳도 은채의 손가락을 따라 고개를 숙였다. 그리고는 작게 비명을 질렀다.

"으악! 난 몰라. 오늘도 묻었네. 어머니한테 혼날 텐데 어쩌지?"

"어머니가 무서워?"

"응. 엄청 무서워. 가끔 영국의 왕은 아버지가 아니라 어머니가 아닐까 싶다니까."

릴리벳은 자기가 말해 놓고도 우스운지 큭큭 웃었다. 반대로 은채는 한숨을 푹 쉬었다.

"얘가 아직도 자기를 공주라고 우기네. 야, 너 상태가 좀 심각하다? 근처에 병원 없니? 내가 데려다 줄게."

은채의 심각한 얼굴에 릴리벳은 더욱 큰 소리로 웃었다. 그러고는 은채의 손을 잡아당겼다.

"가자. 너도 옷이 흠뻑 젖었잖아. 내가 갈아입을 옷을 줄게."

은채는 여전히 물이 뚝뚝 떨어지는 자신의 옷을 내려다보았다. 옷도 옷이지만 더 급한 건 목욕이었다. 더운 날씨에 더러운 물까지 뒤집어썼으니 당연했다. 하지만 그럼에도 은채는 선뜻 릴리벳을 따라가기가 망설여졌다.

"너희 집이 어딘데? 가까워?"

"응. 여기서도 보여. 사실은 여기서 보이는 유일한 집이지."

릴리벳이 가리킨 것은 당연히 버킹엄 궁전이었다. 은채는 더 이상 참지 못하고 버럭 소리쳤다.

"야! 너 진짜 사람 데리고 장난칠래? 네가 무슨 공주냐고!"

은채의 고함소리가 생각보다 컸던지 어디선가 군복을 입은 병사 한 명이 허겁지겁 달려왔다. 울타리 안으로 뛰어든 그는 릴리벳이 무사한지부터 살피고는 대뜸 은채의 팔을 잡았다.

"감히 공주님께 소리를 지르다니! 아니, 그 전에 대체 어떻게 들어온 거지? 혹시 암살자?"

병사의 눈빛은 진지했다. 은채는 그의 무서운 눈빛과 허리에 매달린 권총을 보며 그대로 심장이 멎을 것만 같았다.

"그런 거 아니에요. 앤…… 그러니까 내 친구인데 내가 장난을 심하게 쳐서 좀 화가 난 것뿐이에요. 당장 그 손 놔 줘요."

릴리벳의 말에 병사는 그제야 은채가 폭삭 젖었단 사실을 알아챘다. 하지만 그럼에도 그의 표정은 풀리지 않았다.

"아무리 화가 나도 그렇지. 공주님께 목소리를 높이다니."

릴리벳은 그런 병사의 등을 떠밀어 울타리 밖으로 내보냈다. 다시 둘이 남게 되자 채소밭에는 어색한 침묵이 감돌았다.

은채는 헛기침을 하며 말을 꺼냈다.

"흠흠. 그러니까 네가 정말 공주……, 라고?"

"응. 아까부터 말했잖아."

"이름이 뭔데?"

"릴리벳. 너 바보니?"

"이게……! 애칭이 아니라 정식 이름이 뭐냔 말이야."

버럭 화를 내려던 은채는 아직까지 울타리 밖에 서 있는 병사의 등을 힐끗 훔쳐보고는 낮게 속삭였다. 릴리벳이 빙긋 웃으며 말했다.

"그것도 아까 말했는데. 다시 말해 줄 테니 잘 들어. 나는 영국과 영연방을 다스리시는 조지 6세의 장녀 엘리자베스 알렉산드라 메리 윈저야. 너무 길지? 그래서 확 줄여서 엘리자베스 공주가 되는 거지. 사람들은 그것도 길다고 릴리벳이라고 부르는데 나도 릴리벳이라는 애칭이 더 좋아."

릴리벳은 길고 장황하게 자기소개를 했다. 하지만 은채의 머릿속에 남은 것은 단 하나뿐이었다.

"네가 엘리자베스? 엘리자베스 공주라고?"

"그렇다니까. 너 진짜 사람 말 안 믿는……."

"아니, 믿어. 이젠 진짜 믿어. 그런데 왜 공주가 이러고 다녀? 농사에 거름에, 혹시 너희 왕실 망했니?"

은채는 릴리벳의 수수한 옷과 그녀의 손에 들린 양동이를 번갈아 보며 물었다. 릴리벳은 화를 내야 할지 말아야 할지 모르겠다는 듯 복잡한 표정을 지었다.

"그게 아니라……."

부아아아앙-!

릴리벳의 말이 끝나기도 전에 귀청을 찢을 듯한 굉음이 들렸다. 은채의 머리 위로 프로펠러가 달린 비행기 서너 대가 편대를 이루며 지나갔던 것이다. 번쩍이는 총신이 달리고 알록달록한 위장 페인트가 칠해진 비행기들은 절대로 관광객을 태우고 다니는 비행기가 아니었다. 더구나 날개 아래에 달린 것은 얼핏 보기에도 폭탄이 틀림없었

다. 은채는 비명을 지르며 그대로 바닥으로 몸을 날렸다. 바닥에 엎드리자마자 비행기가 지나가며 만든 세찬 바람이 은채의 등에 서늘하게 불어닥쳤다. 은채는 겁에 질려 비명을 질렀다.

"꺄아악!"

"하하하! 은채 너 진짜 웃기다. 저거 아군 비행기야."

"응? 뭐라고?"

은채가 멍하니 고개를 들자 릴리벳은 웃음을 터뜨렸다.

"방금 지나간 거 영국 비행기라고. 공군 비행장이 이 근처라서 매일 왕궁 위를 지나가거든. 게다가 여긴 런던이잖아. 독일이 아무리 날고 기어도 런던은 절대 폭격 당할 일 없어. 히틀러가 직접 협정서에 서명했거든."

"그, 그런 거야? 그럼 괜히 놀랐네."

은채는 그제야 주춤주춤 일어섰다.

"으아아아악! 내 옷! 내 머리!"

은채는 온몸에 엉겨 붙은 정체불명의 오물을 내려다보며 아까보다 더 커다랗게 비명을 질렀다. 울타리 밖에 서 있던 병사가 놀라 뛰어들 정도로. 병사는 은채를 보자마자 웃음을 터뜨렸다. 은채는 릴리벳과 병사를 번갈아 보며 툴툴댔다.

"공주님, 아저씨! 그만 좀 웃지?"

릴리벳을 따라 궁전 안으로 들어온 은채가 가장 먼저 뛰어든 곳은 당연히 욕조였다. 차가운 물에 박박 씻고 나자 비로소 자신이 버킹엄 궁전 안에 들어와 있다는 실감이 났다. 다리가 달린 앙증맞은 욕조와 청동 장식, 체스판처럼 교차되는 검고 흰 대리석들은 간결하면서도 우아했고 방마다 놓인 작고 우아한 소품들과 꽃무늬 벽지, 깊은 향이 배어 있는 가구들은 웅장한 규모의 버킹엄 궁전을 친근하게 느끼게 해 주었다.

"그런데 보기보다 소박하게 사네."

이곳저곳을 둘러보던 은채는 고개를 갸웃거렸다. 왕궁이라면 으레 있어야 할 예술품이나 골동품이 전혀 눈에 띄지 않았기 때문이었다. 들어오면서 마주친 사람들도 간편한 작업복 차림이었다. 릴리벳이 자기 옷이라며 내준 옷 역시 단순하긴 마찬가지였다. 레이스 하나 없는 원피스는 공주가 아니라 시녀가 입기에도 지나치게 소박했다.

"얘네 정말 망했나?"

은채가 혼잣말을 할 때였다. 문이 열리고 릴리벳이 고개를 쏙 내밀었다.

"배고프지? 다 씻었으면 밥 먹으러 가자."

"듣고 나니 배가 고파지네. 식당이 어디야?"

"저기. 아버지랑 어머니, 동생은 벌써 도착했을 거야."

릴리벳은 손가락으로 복도 끝을 가리켰다. 복도로 나서던 은채는 릴리벳의 말에 그대로 얼어붙고 말았다.

"너희 부모님이라면 설마…… 왕과 왕비?"

릴리벳은 환하게 웃으며 고개를 끄덕였다. 반대로 은채는 마른 침을 꿀꺽 삼켰다.

"어, 어쩌지? 절이라도 해야 하는 건가? 아니지. 여긴 영국이니까 그냥 악수를 하던가?"

메리 때는 에드워드가 왕이었고 엘리자베타 때 역시 왕은 어린 아기였다. 쫑짝과 쫑니 때도 부모님은 못 만났었고, 유일하게 만났던 왕인 소서노의 아버지 연타발은 그저 옆집 아저씨같이 친근했던 터라 은채는 새삼 왕을 만난다는 사실에 긴장이 되었다. 거기다 다른 곳도 아니라 영국의 왕이 아닌가.

릴리벳은 하얗게 질려 안절부절못하는 은채의 등을 떠밀었다.

"그냥 하던 대로 하면 돼."

"야! 자, 잠깐만! 밀지 좀 말고…… 마음의 준비가 안 됐다니까!"

버킹엄 궁전의 모든 곳이 그렇듯 식당 역시 화려하고 아름다운 공간이었다. 하지만 식탁에 둘러앉은 사람들은 릴리벳과 마찬가지로 소박한 옷차림을 하고 있었다. 영국의 왕이자 릴리벳의 아버지인 조지 6세는 셔츠를 소매까지 걷어 올린 편한 옷차림이었고, 왕비인 어머니는 직접 요리를 했는지 앞치마를 두르고 있었다. 옷차림에 가장 신경을 쓴 사람은 릴리벳의 동생 마거릿 공주였는데 그나마도 레이스 달린 머리띠와 허리를 졸라맨 리본이 전부였다.

식탁 위에 차려진 음식도 단순하긴 마찬가지였다.

"야, 무려 국왕 전하랑 왕비 전하, 공주들 식탁에 감자샐러드에 감자볶음, 감자 구이, 통감자…… 감자뿐이잖아? 언제부터 감자가 영국 특산품이 된 거야? 나 감자 별로거든?"

은채가 속삭이자 릴리벳이 난감한 듯 씩 웃었다.

"요즘 감자가 풍년이거든. 딴 거 줄까?"

"딴 건 뭐 있는데?"

"옥수수."

릴리벳의 말에 은채는 가만히 고개를 흔들었다. 감자도 싫지만 옥수수는 더 싫었다. 은채는 반짝반짝 광이 나는 포크로 크고 둥그런 통감자를 푹 찍었다.

"잘…… 먹겠습니다."

은채가 막 감자를 한 입 베어 무는 순간이었다. 천장에 매달린 전구가 깜빡거리기 시작했다. 켜졌다 꺼졌다를 반복하던 전구는 이내 픽 하고는 힘없이 꺼져 버렸고 식당 안은 순식간에 깜깜해졌다. 은채는 놀라서 벌떡 일어섰다. 그리고 다시 주저앉았다.

"아우, 무릎……! 무슨 식탁이 이렇게 딱딱해?"

식탁에 부딪쳐 얼얼한 다리를 비비는 은채와 달리 릴리벳은 태연했다. 익숙한 일인 듯 천천히 식탁을 짚고 일어난 릴리벳은 한쪽에 놓인 촛대에 불을 붙였다. 릴리벳의 어머니와 아버지 역시 자연스럽게 식탁에 촛불을 밝혔다. 은은히 촛불이 밝혀지자 식당 안 분위기는 더욱 그윽했다. 하지만 은채의 얼굴은 점점 더 심각해졌다. 은채는 한참동안 손가락을 꼬물거리다가 조심스럽게 물었다.

"저기, 이런 거 물어봐도 되는지 모르겠는데요……. 왕실 사정이 안 좋아요?"

"응? 그게 무슨 소리니?"

릴리벳의 아버지, 즉 조지 6세는 무슨 말인지 모르겠다는 듯 되물었다.

"아니 그게요, 릴리벳은 공주면서 직접 농사를 짓지 않나, 식탁에는 온통 감자 투성이고, 입으신 옷도…… 외람되지만 너무너무 소박하셔서요. 게다가 전기도. 전기 요금 밀리신 거예요? 얼마나 밀리셨으면 전기가 다 끊겨요?"

은채가 진지하게 묻자 릴리벳과 그녀의 부모님, 어린 마거릿까지 일제히 웃음을 터뜨렸다.

"하하하! 너 정말 웃기다."

"멀리서 왔다니까 모를 수도 있지. 사실 지금 영국은 독일과 전쟁 중이란다."

은채는 그제야 낮에 릴리벳이 독일 전투기와 히틀러의 이름을 잠깐 언급했던 사실을 떠올렸다. 릴리벳이 키득거리며 말했다.

"그래서 지금 영국은 완전 절약모드로 들어갔어. 왕실도 마찬가지고."

"아, 그래서 네가 농사짓는 거야?"

"응. 이탈리아가 독일과 손을 잡은 뒤로 바닷길이 끊겨서 식료품이 부족해졌거든."

은채는 고개를 끄덕이다가 문득 물었다.

"그래서 복도가 온통 휑했던 거구나? 그림도 하나 없고."

"응. 만일의 사태에 대비해서 골동품과 예술품, 귀중품들은 모두 왕실 지하 금고에 옮겨 놨어. 아버지와 어머니의 왕관이나 내 목걸이 같은 보석들도 죄다 금고에 있지."

은채는 릴리벳의 말에 입을 떡 벌렸다.

"금고? 지하 금고?"

릴리벳은 고개를 끄덕였다.

"응. 폭격에도 끄떡없을 정도로 튼튼하지."

릴리벳의 말대로라면 메리의 다이아몬드 역시 왕실 금고에 있을 것이었다. 은채는 조심스럽게 물었다.

"그 금고문은 언제 다시 열릴까?"

릴리벳은 너무나도 당연한 듯 단호하게 대답했다.

"그야 당연히 전쟁이 끝난 뒤지."

은채는 갑자기 울고 싶어졌다. 바로 그때, 커다란 프로펠러 소리와 함께 천장에 매달린 샹들리에가 삐걱거리며 요란하게 흔들렸다.

"아직까지 비행 연습을 하나 보네."

"요즘 전쟁은 공중전이 중요하다더라. 해군에서 공군에 예산이 너무 많이 몰린다고 어찌나 괴롭히는지."

"힘드시겠어요. 해군성 성격이 워낙에 대단하잖아요."

릴리벳의 가족들이 아무렇지도 않게 나누는 대화에 은채는 그제야 자신이 전쟁이 한창인 영국 땅에 떨어졌다는 사실을 실감했다. 그것도 작은 전쟁이 아닌 무려 2차 세계대전 한가운데. 은채는 고개를 들어 여전히 미세하게 흔들리는 샹들리에를 올려다보았다.

'엄마, 아빠, 삼촌, 메리야! 나 살아서 돌아갈 수 있는 거야?'

필립과 루이

　다음 날, 버킹엄 궁전은 다른 날과 달리 갑자기 수선스러워졌다. 한동안 궁전 출입을 하지 않던 나이든 비서들이 날이 밝자마자 궁으로 달려오고, 운전수는 차고에서 가장 좋은 차를 꺼냈다. 옷장 깊숙이 있던 고급 정장과 단순하지만 세련된 구두가 준비되었다. 릴리벳과 마거릿도 작업복 같은 옷을 벗어던지고 화려하진 않지만 기품 있는 옷으로 갈아입었다.
　"오늘 무슨 날이야?"
　"응. 다트머스 해군 사관학교 졸업식이거든."
　다트머스 해군 사관학교는 영국에서 가장 유서 깊은 학교 중 하나로 릴리벳의 아버지인 조지 6세가 졸업한 모교이기도 했다. 오늘 이곳을 졸업하는 초급 장교들은 곧바로 병사들을 이끌고 전쟁에 참가하기로 되어 있었다. 이들의 활약 여부에 따라 전쟁의 성패가 좌우되기 때문에 조지 6세는 졸업식에 직접 참여하여 졸업생들의 사기를 북돋아 주어야만 했다.

은채는 릴리벳의 가족과 함께 다트머스로 향했다. 다트머스는 수백 척의 군함이 동시에 정박할 수 있을 정도로 수심이 깊고 넓은 만을 가진 항구도시였다. 또한 푸른 바다와 녹색의 언덕 그리고 그림처럼 예쁜 저택과 고성들이 늘어선 아름다운 도시이기도 했다.

해군 사관학교의 졸업식은 다트머스에서 가장 큰 행사 중 하나였다. 거리마다 영국 국기가 펄럭였고, 졸업생들을 보기 위해 영국 전역에서 몰려온 사람들로 북새통을 이루었다. 하지만 수많은 사람들이 모인 것치고는 분위기는 무척 조용했다. 당연한 일이었다. 안전한 학교를 떠나 생사의 갈림길에 들어서게 되는 날이었던 것이다.

그런 분위기는 졸업생들이 늘어선 해군 사관학교에서 절정을 이루었다. 눈이 부시도록 새하얀 생도복을 입은 졸업생들의 표정은 비장하다 못해 슬퍼 보였고, 그들을 바라보는 가족들 중 절반은 벌써 눈물을 흘리고 있었다.

조지 6세는 단상에 나가 간결하면서도 감동적인 연설을 했다. 그의 뒤에는 릴리벳의 어머니인 왕비와 정장을 차려입은 십여 명의 중년 남자들이 줄지어 앉아 있었다.

"저 아저씨들은 누군데 왕비님하고 나란히 앉아 있어?"

조금 떨어진 곳에서 단상 쪽을 바라보던 은채가 물었다. 릴리벳이 작게 대답했다.

"각료들이야. 저쪽은 네빌 체임벌린 총리고 그 옆은 외무성, 그 옆은 국무성 그리고 저기 키 작고 뚱뚱한 아저씨가 바로 요즘 아빠를 괴롭히는 해군성인 처칠 아저씨."

"처…… 칠? 내가 아는 그 처칠?"

은채가 깜짝 놀라자 릴리벳은 고개를 끄덕였다.

"응. 너도 아는구나. 하긴 저 아저씨가 좀 특이하긴 하지. 생긴 것도, 목소리도, 말투도 완전 불곰이 따로 없다니까."

은채는 눈을 다시 비비고 처칠을 바라보았다. 작은 키에 꾹 눌러쓴 모자, 손가락보다 더 굵은 여연송은 책이나 TV에서 보던 그대로였다.

'으으. 처칠까지 등장하다니 정말 전쟁 속에 들어왔다는 게 실감난다.'

조지 6세의 연설이 끝나자 그 뒤로 총리와 처칠이 뒤이어 연설을 했다. 평화주의자인 체임벌린 총리와 처칠의 연설은 완전 극과 극을 달렸다. 체임벌린이 외모만큼이나 부드러운 목소리로 꿈과 희망에 대해 이야기한 반면 처칠은 당장이라도 독일로 진군해서 히틀러를 끌어내려야 한다고 울부짖었다.

"우와, 목소리 끝내준다."

은채는 바로 옆에서 징징 울리는 듯한 처칠의 고함소리에 귀를 막았다. 릴리벳도 피식 웃으며 은채의 팔을 잡아당겼다.

"잠깐 구경이라도 하고 오자. 저 아저씨는 한 번 마이크 잡으면 기본 한 시간이거든."

"나야 좋지만, 넌 자리 비우면 안 되잖아?"

"왕실 대표는 내가 아니라 아버지와 어머니야. 마거릿은 유모랑 딱 붙어 있고."

"그래? 그럼 가자. 그렇지 않아도 아까부터 지겨워서 온몸이 근질근질했거든. 졸리기도 하고."

은채와 릴리벳은 발꿈치를 들고 졸업식장을 빠져나왔다. 열정적인 처칠의 연설 덕분에 사람들은 둘이 빠져나가는 것도 알아채지 못했다.

"후아~ 이제 좀 살 것 같다."

은채는 넓은 캠퍼스를 보며 숨을 크게 들이쉬었다. 탁 트인 잔디밭 너머로 군함들이 줄지어 정박 중인 바다가 내다보였다.

해군 사관학교는 그 푸른 바다를 마주 보고 서 있었다. 붉은 벽돌과 하얀 대리석으로 지은 학교 건물은 그림책에서 본 듯 예쁘장했다. 건물과 건물 사이에는 테니스와 농구 등 운동을 할 수 있는 운동장들이 있었고, 잔디밭 곳곳에는 투박한 벤치가 놓여 있었다. 꾸미지 않은 듯 소박하지만 모든 곳에 오랜 전통을 품은 학교는 그 자체로 자부심을 은근히 뽐내고 있었다.

한참을 걷던 둘은 더위를 피하기 위해 바로 옆 건물로 들어갔다. 햇빛이 차단된 건물 안쪽은 다행히 서늘했다.

"오오~ 저기 봐."

은채가 가리킨 것은 로비 중앙에 놓인 거대한 배 모형이었다. 빅토리아 시대의 것으로 보이는 범선 모형은 노 하나, 밧줄 하나까지 정교하게 만들어져 있었다. 심지어 뱃머리의 인어 모형과 돛에 새겨진 왕실 문양까지도 섬세하기 이를 데 없었다.

"하하! 누가 해군 사관학교 아니랄까 봐."

릴리벳은 뱃머리에 새겨진 윈저 왕가의 문양을 발견하고는 뿌듯한 표정을 지었다. 반면 은채는 아련한 눈으로 범선을 바라보았다. 돛을 활짝 편 범선은 언제나 한 사람의 얼굴을 떠올리게 했던 것이다.

'후안.'

그와 함께 맡았던 바다 냄새와 머리를 스치던 바람, 그의 웃음소리, 눈빛, 눈물…… 추억은 한순간에 파도처럼 밀려들어 은채의 가슴을 아프게 했다.

"은채야, 왜 그래?"

릴리벳의 목소리에 은채는 화들짝 놀라 고개를 돌렸다. 어느새 눈물이 고였는지 코끝이 시큰했다.

"아, 아무것도 아니야."

은채는 서둘러 눈가를 비볐다. 그리고 고개를 갸웃거렸다. 어디선가 싸우는 듯한 목소리가 들려왔기 때문이었다.

"이상하다. 학생들은 모두 졸업식에 참석했을 텐데."

릴리벳도 이상했던지 눈을 가늘게 떴다. 둘은 약속이라도 한 듯 소리가 나는 쪽을 향해 발을 옮기기 시작했다.

소리가 나는 곳은 2층의 한 강의실이었다. 살금살금 다가간 은채와 릴리벳은 살짝 열린 문틈으로 안을 들여다보았다. 안에는 두 청년이 열심히 말싸움을 벌이고 있었다.

"당연히 해군이지."

"촌스럽긴. 대세는 공군이야, 공군! 제공권이 얼마나 중요한지 아직도 모르냐?"

"이 바보야. 영국은 섬이잖아. 일단 바다를 건너야 전쟁을 하든 작전을 펼치든 하지. 바다를 건너려면 당연히 배가 있어야 하고."

"공중 수송선은 폼으로 있는 줄 알아? 필립, 넌 나이만 젊지 완전 영감님이라니까."

"내가 영감이면 루이 넌 철 안 든 어린애야. 배로 한 번에 움직일 수 있는 인원이 몇 명인 줄은 알아? 게다가 함포 지원사격 없으면 전쟁이 될 것 같아?"

"지원사격을 하려고 해도 항공지도가 있어야 하잖아. 그 중요한 항공지도는 비행기 타고 찍는다는 거 잊었어?"

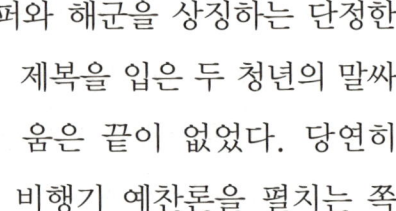

공군을 상징하는 짙은 카키색 점퍼와 해군을 상징하는 단정한 제복을 입은 두 청년의 말싸움은 끝이 없었다. 당연히 비행기 예찬론을 펼치는 쪽은 카키색 점퍼를 입은 루이라는 청년이었고, 배 예찬론을 펼치는 쪽은 해군 사관학교 제복을 단정하게 입은 필립이라는 청년이었다. 어깨에 견장을 붙이고 장식용 칼까지 찬 필립은 키가 무척 컸다.

"둘이 뭐하는 거야?"

"모르지. 공군 대표랑 해군 대표로 붙은 것 같다? 저러다 치고받고 싸우는 거 아니야?"

다행히도 은채나 릴리벳의 우려와는 달리 루이와 필립은 가끔씩 하하하 웃기도 하고 무언가를 나누어 마시기까지 했다. 짙은 색 유리병

에 담긴 그것은 굳이 확인하지 않아도 술임이 분명했다.

"어? 전쟁이 끝날 때까지 사관학교 안에서 술은 금지되어 있는데?"

릴리벳의 목소리가 생각보다 컸던지 책상 위에 아무렇게나 걸터앉아 있던 루이와 필립이 동시에 펄쩍 뛰어오르며 외쳤다.

"거기 누구야?"

그러자 되레 깜짝 놀란 것은 이쪽이었다.

"헉! 어쩌지? 그냥 도망갈까?"

"우리가 도망을 왜 가? 술 마신 건 저쪽인데. 넌 공주라는 애가 무슨 겁이 그리 많냐?"

"그, 그렇지. 우린 당당하지. 맞아."

은채의 말에 릴리벳은 고개를 끄덕였다. 그리고 문을 벌컥 열고 안으로 들어섰다.

잔뜩 긴장하고 있던 루이와 필립은 강의실 안으로 들어오는 은채와 릴리벳을 보자 가슴을 쓸어내렸다.

"뭐야? 학장님인 줄 알았더니 꼬맹이들이잖아?"

"휴우, 간 떨어질 뻔했네."

루이와 필립은 등 뒤로 숨겼던 술병을 슬쩍 책상 위에 올려놓으며 피식 웃었다. 릴리벳은 발끈했다.

"꼬맹이라니? 누가 꼬맹이야?"

"너희들이지 누군 누구겠니."

"아이구, 귀여워라. 엄마 잃어버렸어? 우리가 찾아 줄까?"

루이와 필립의 놀림에 릴리벳은 시뻘게진 얼굴로 콧김을 뿜었다.

"흥! 우리 엄마가 누군지 알면 기절할걸?"

릴리벳의 말에 루이와 필립은 동시에 웃음을 터뜨렸다.

"왜? 너희 엄마가 왕비마마라도 되니?"

"크크크. 아예 공주라고 불러 달라고 그러지?"

루이와 필립은 이제 배를 움켜쥐고 웃고 있었다. 릴리벳은 발까지 동동 구르며 소리쳤다.

"그래. 우리 엄마가 바로 왕비마마시다. 그리고 난 엘리자베스 알렉산드라 메리 윈저 공주란 말이야!"

하지만 릴리벳의 말에 두 청년은 놀라기는커녕 더욱 큰 소리로 웃어버렸다.

"푸하하! 꼬맹이가 허풍이 장난 아니네."

"인마, 거짓말하면 오빠들한테 혼나. 이번엔 귀여워서 봐준다."

급기야 제복을 입은 필립은 릴리벳의 머리를 큰 손으로 쓰다듬기까지 했다. 릴리벳은 펄쩍 물러서 그의 손을 뿌리쳤다.

"이 사람들이 정말! 누구한테 손을 대는 거야? 은채야, 너도 뭐라고 말 좀 해 줘."

하지만 은채의 귀에 릴리벳의 불만 가득한 목소리는 들리지 않았다. 강의실 문이 열리는 순간 은채의 시선은 루이의 얼굴에 못 박혀 있었기 때문이었다. 이마를 덮은 검은 머리카락과 서늘한 초록색의 눈동자, 환한 미소를 보는 순간 은채는 눈시울이 붉어지고 말았다.

"후안……."

루이의 얼굴은 그 옛날 바다 위를 누비던 후안의 모습과 똑같았던 것이다. 짙은 색 항공 점퍼 안에 단정하게 입은 셔츠와 달리 손가락으로 아무렇게나 빗어 넘긴 머리카락, 끝없는 자유에 대한 갈망이 담긴 눈빛은 은채로 하여금 후안이 더욱 사무치게 그립게 만들었다. 후안과 루이의 차이는 단지 그 대상이 바다에서 창공으로 바뀌었다는 것뿐이었다.

분한 얼굴로 돌아보던 릴리벳은 눈물이 글썽이는 은채를 발견하고는 깜짝 놀랐다.

"으, 은채야? 너 왜 그래?"

루이와 필립 역시 놀라긴 마찬가지였다. 특히 루이는 자신을 보자마자 대뜸 눈물부터 뚝뚝 떨어뜨리는 은채를 보며 안절부절못했다.

"저, 저기, 은채? 은채라고 했던가? 왜 울어? 내가 뭐 잘못했니? 아까 꼬맹이라고 해서 기분 나빴다면 미안해."

루이는 급히 주머니를 뒤져 꼬깃꼬깃한 손수건을 내밀었다.

"이, 이걸로 눈물이라도…… 으윽!"

퍽!

필립이 그런 루이의 뒤통수를 때렸다.

"얌마, 그게 손수건이냐? 걸레지. 기름투성이잖아."

"아차. 좀 전에 비행기 점검했지. 그럼 네 것 좀 빌려줘."

릴리벳이 손을 휘휘 저었다.

"필요 없어요. 손수건은 나도 있으니까."

릴리벳은 주머니에서 손수건을 꺼내 은채에게 내밀었다.

"고마워. 그리고 미안."

은채는 릴리벳에게서 손수건을 받아들었다. 그리고 크게 펼쳐 코부터 팽 풀었다.

"고은채, 더럽게 코를……."

루이와 필립은 다른 이유로 깜짝 놀랐다. 릴리벳의 손수건에 새겨진 왕관 때문이었다. 금색으로 새겨진 왕관 모양 자수가 왕실을 상징한다는 것은 영국인이라면 누구나 아는 상식이었다. 더구나 왕관 아래에는 윈저 왕가의 직계 가족들만이 사용할 수 있는 문장까지 수놓여 있었다.

"너 진짜……."

놀란 필립의 말이 끝나기도 전에 강의실에 또 다른 사람이 들어왔다.

"릴리벳! 여기서 대체 뭐하고 있는 거니? 한참 찾았잖아."

강의실 문을 열고 들어온 것은 릴리벳의 어머니였다. 그리고 그녀의 뒤를 따라 들어온 사람은 당연히 릴리벳의 아버지이자 영국의 왕 조지 6세였다.

"우리 공주님, 여기 있었구나. 돌아갈 준비 다 됐다."

왕비에 이어 조지 6세까지 들어서자 루이와 필립은 하얗다 못해 파랗게 질린 얼굴로 얼어붙었다.

"와, 왕비마마!"

"헉! 구, 국왕폐하……!"

조금 전과 너무나도 달라진 루이와 필립의 반응에 릴리벳은 어깨를 으쓱했고, 눈물을 글썽이던 은채도 피식 웃음을 터뜨리지 않을 수 없었다.

"왜? 무슨 일 있었어?"

왕과 왕비는 뻣뻣하게 굳은 두 청년과 키득거리는 두 소녀를 보며 영문을 모르겠다는 표정을 지었다.

"어머니, 저 사람들이 글쎄 저한테 꼬맹……."

릴리벳이 막 말을 꺼내려는 순간이었다. 필립과 루이가 약속이라도 한 듯 큰 소리로 외쳤다.

"추, 충성! 저희 해군 사관학교를 찾아 주셔서 무한한 영광입니다!"

"충성! 국왕폐하와 왕비님께 신의 은총이 있기를! 그럼 저희는 이만 실례하겠습니다!"

필립과 루이는 강의실이 떠나가라 큰 소리로 충성을 외치고는 도망치듯 문 밖으로 달려 나갔다. 뒤이어 계단을 우당탕탕 뛰어 내려가는 소리가 들렸다.

"푸하하하! 그 사람 얼굴 봤어? 완전 넋이 나갔더라."

"루이는 어떻고? 귀신 본 사람처럼 파랗게 질려서는."

릴리벳과 은채는 서로를 마주 보며 웃음을 터뜨렸다. 왕과 왕비는 멀뚱멀뚱 눈만 깜빡여야 했다.

"금방 나간 청년들은 누구지?"

"그보다 애들이 왜 이렇게 웃는지가 더 궁금한데요?"

은채와 릴리벳의 웃음은 버킹엄 궁전으로 돌아올 때까지 이어졌다. 하지만 해가 지고 각자 자기의 방으로 갈 시간이 되자 둘은 자신들이 그들의 얼굴만 알 뿐이라는 사실을 깨달았다.

동그란 백열전구가 켜진 응접실에 마주 앉은 은채와 릴리벳은 한숨을 푹푹 내쉬었다.
  "이름은 필립인데 성은 뭐지?"
  "내가 그걸 어떻게 알겠니? 필립은 그렇다 치고 루이는 본명 맞나? 너처럼 엄청 긴 이름인데 확 줄인 거 아닐까?"
  "옷을 보아하니 필립은 해군 사관학교 졸업생 같던데."
  "그 정도라도 아니 다행이다. 난 루이가 영국 사람인지 미국 사람인지도 모른다고. 으으…… 하여튼 그런 자리에 오려면 이름표 좀 제대로 달고 오면 안 되냐고? 하여튼 옛날부터 옷 못 입는 건 알아준다니까."
  은채의 투덜거림에 릴리벳은 눈을 동그랗게 떴다.
  "뭐야? 너 루이랑 옛날부터 아는 사이였어?"
  "응? 아아, 그런 게 있어. 그런데 이 사람들, 대체 어디서 찾지?"
  은채는 말끝을 흐리며 턱을 괴었다. 릴리벳 역시 긴 의자에 벌렁 드러누우며 한숨을 쉬었다.
  "그런다고 궁전 바닥이 내려앉겠니?"
  그때 왕비가 불쑥 응접실로 들어왔다. 시든 풀처럼 축 늘어져 있던 릴리벳은 깜짝 놀라 딱딱한 대리석 바닥 위로 굴러떨어졌고, 팔걸이에 두 다리를 빨래 널듯 널어 놓고 있던 은채는 벌떡 일어나다가 그만 탁자 모서리에 무릎을 찧고 말았다.
  "아야야…… 엄마, 깜짝 놀랐잖아요."
  "으윽! 왕비님께서 이 시간에……."

왕비는 눈물을 찔끔 흘리는 릴리벳과 은채를 보며 혀를 찼다.

"다 큰 처녀들이 덤벙대기는. 내가 너희들 주려고 뭘 좀 가져왔다."

왕비가 가지고 온 것은 과일이나 과자가 아니었다. 은채는 왕비의 손에 들린 편지봉투를 가리키며 물었다.

"그게 뭐예요?"

왕비는 알 듯 모를 듯 알쏭달쏭한 미소를 지었다.

"너희들이 지금 제일 알고 싶은 거지."

은채와 릴리벳은 서로의 얼굴을 쳐다보았다. 그리고는 동시에 비명을 질렀다.

"설마 루이와 필립?!"

"엄마……!"

약속이라도 한 것처럼 얼굴을 붉히는 은채와 릴리벳을 보며 왕비는 소리 내어 웃었다.

"호호호! 우리 공주가 정말 다 컸네. 벌써 첫사랑이라니."

"아니에요, 엄마. 무슨 첫사랑……."

하지만 새빨개진 얼굴과 두근거리는 심장박동은 왕비의 말이 틀리지 않았음을 말해주고 있었다. 왕비는 빙글빙글 웃으며 금방이라도 울 것 같은 딸의 이마에 살짝 입을 맞추고는 손에 들고 있던 편지봉투를 건네주었다.

"필립이 해군 제복을 입고 있었잖니. 그 까다로운 해군성한테 압력

넣어서 알아낸 거니까 잃어버리면 안 돼. 이럴 땐 네 아버지가 영국의 왕이란 게 나쁘지만은 않구나."

왕비는 뒤이어 은채에게까지 슬쩍 윙크를 보냈다.

"그리고 당연히 그 껄렁껄렁한 친구의 이름도 있단다."

"네? 저, 전 별로 안 궁금했어요. 진짜예요. 제 스타일도 아니었다고요. 정말이에요."

말까지 더듬는 은채의 대답에 왕비는 조금 전보다 더 크게 웃었다. 왕비가 떠나자 은채와 릴리벳은 누가 먼저랄 것도 없이 의자에 털썩 주저앉았다.

"으으. 왕비님 그렇게 안 봤는데 완전 짓궂으시다."

"젊었을 땐 더 하셨대. 큰아버지가 아버지한테 왕위를 물려주신다고 했을 때 가장 반대한 사람이 바로 어머니야."

릴리벳의 큰아버지이자 조지 6세의 형인 에드워드 8세는 선왕인 조지 5세의 장남으로, 어려서부터 왕세자 교육을 받아온 전형적인 왕자였다. 사람들의 기대 속에 자란 그는 해군 사관학교를 졸업한 뒤 1차 대전이 발발하자 스스로 육군에서 복무하여 왕가의 후계자로서 책임을 다했고, 사람들은 당연히 그가 오래도록 영국 왕의 자리를 지킬 것이라 기대했다.

사람들의 예상대로 그는 어린 나이에 왕이 되었지만 그 시기는 길지 않았다. 1936년 1월에 왕위에 오른 그는 일 년을 채우지 못하고 같은 해 12월, 스스로 왕위에서 내려와 일반인이 되기로 결정했다. 그가 퇴임을 결심한 이유는 사랑이었다. 에드워드 8세가 사랑한 월

리스 워필드 심프슨은 영국인이 아닌 미국인이었으며, 한 번 이혼한 전력이 있었다. 의회에서는 둘의 결혼을 결사적으로 반대했고, 에드워드는 왕위와 사랑 사이에서 고민하다가 결국 사랑을 택했다.

"나도 그 사람 얘긴 알아."

은채가 반색을 했다. 에드워드의 사랑 이야기는 가끔씩 소설책의 소재가 될 정도로 유명했던 것이다. 릴리벳은 한숨을 푹푹 내쉬었다.

"큰아버지 덕분에 우리 아버지가 졸지에 왕관을 쓰셨잖아. 엄만 결국 왕비가 되시고."

"왜? 왕이 되는 건 좋은 일이잖아? 내가 아는 어떤 사람들은 왕이 되려고 시커먼 음모에 살인까지 물불 안 가리던데?"

"누구? 너 그런 사람들도 알아?"

릴리벳이 눈을 동그랗게 뜨고 되묻자 은채는 입술을 깨물었다.

"아니, 그게 그러니까…… 옛날엔 그랬다더라고. 그런데 너희 어머니는 왜 왕비가 되기 싫어하셨어?"

"봐서 알잖아. 우리 어머니는 소문난 말괄량이셨거든. 그래서 아버지랑 결혼할 때도 절대로 왕관 쓸 일 없다는 장담부터 받으셨대. 그런데 큰아버지가 퇴임하면서 덜컥 왕비가 되신 거지. 큰아버지가 영국에 다시 못 돌아오시는 데는 의회의 반대 말고도 어머니한테 맞아 죽을까 봐 무서워서라는 소문도 있어."

은채는 고개를 끄덕였다. 왕관이 주는 무게와 부담감이 얼마나 무거운지 몇 번의 시간여행을 통해 너무나도 잘 알고 있었기 때문이었다.

"그런데 거기, 뭐라고 적혀 있어?"

 은채가 슬쩍 묻자 그렇지 않아도 궁금했던 릴리벳이 조심스레 편지 봉투를 열었다. 봉투 안에는 구식 타자기로 찍은 듯 투박하면서도 정갈한 글씨체의 쪽지 두 장이 들어 있었다. 당연히 루이와 필립에 대한 것들이었다.
 "이것 봐. 필립의 정식 이름은 필리포스야. 필리포스 바텐베르크 해군 대위. 이름을 보아하니 영국 사람이 아니고…… 그리스 왕자?"
 릴리벳은 생각지도 못한 필립의 신분에 작게 비명을 질렀다. 은채도 덩달아 놀랐다.
 "어디? 정말이네. 그리스뿐만 아니라 덴마크 왕자이기도 한데? 거기에 누나들은 죄다 독일 왕자들과 결혼했고. 그런데 왜 영국 해군에 있지?"

"해전에서 공을 세워서 훈장까지 받았는데?"

종이에 적힌 필립에 대한 정보는 믿을 수 없을 정도로 엄청났다. 그의 신분과 사연, 화려한 가족관계까지. 은채는 릴리벳의 옆구리를 슬쩍 찔렀다.

"릴리벳, 영국 공주라는 네 신분도 대단하지만 필립도 만만치 않다. 스펙으로만 따지면 너희 둘은 진짜 천생연분이야."

"얘는, 왕실이라고 조건만 보는 거 아니야. 사람이 괜찮아야지."

입을 삐죽이면서도 릴리벳은 은채의 말이 썩 듣기 싫지 않은 표정을 지었다.

필립에 대한 설명이 길고 장황했다면, 다른 쪽지에 적힌 루이에 대한 설명은 너무하다 싶을 정도로 간단했다.

"이름, 루이 헤밀턴. 나이는 당연히 나보다 많고. 소속은 공군 대위. 전투기 조종사…… 이게 끝이야?"

"그래도 아무것도 모를 때보다 낫잖아. 게다가 소속 부대랑 직위도 있고."

릴리벳의 말에 은채는 고개를 끄덕이다가 문득 눈을 동그랗게 떴다.

"그런데 연락은 어떻게 하지? 전화를 하나? 문자 메세지?"

릴리벳도 덩달아 심각한 표정을 지었다.

"전화가 되기는 하는데 전쟁 중에 괜히 연락하기 조금 걸린다. 더구나 교환원한테 뭐라고 말하지?"

"교환원까지 거쳐야 해? 으윽, 그럼 전화는 절대 안 되지."

은채가 고개를 설레설레 저었다. 릴리벳은 벌떡 일어나 응접실 이쪽 끝부터 저쪽 끝까지 느린 걸음으로 오가기를 반복했다.

"릴리벳, 제발 그만 좀 돌아다녀. 심란해서 생각을 할 수가……."

"맞아! 위문편지!"

은채가 투덜거리려는 순간, 릴리벳이 외쳤다.

"위문편지?"

"그래. 지금 영국의 모든 학교에서 전선에 나간 병사들에게 위문편지 보내기 캠페인 중이거든. 학생뿐만 아니라 배우나 가수 같은 연예인, 왕실에서도 위문편지 보내기 운동에 동참 중이야."

은채도 손뼉을 마주쳤다.

"완벽해! 말 나온 김에 지금 당장 쓰자."

은채의 말에 릴리벳은 서랍에서 만년필과 편지지를 꺼냈다. 하지만 막상 왕관 문양이 선명하게 찍힌 편지지를 마주하자 뭐라고 써야 할지 막막했다.

"음음. 보고 싶은…… 아악! 이건 안 돼. 친애하는, 아니야, 이것도 뭔가 이상해. 그냥 이름부터 쓰고…… 그 다음은 무난한 날씨 얘기에……."

릴리벳은 위문편지가 아니라 외교문서라도 작성하듯 만년필을 들고 끙끙댔다. 편지가 어렵기는 은채도 마찬가지였다. 은채는 새하얀 편지지와 새까만 잉크가 담긴 만년필을 번갈아 바라보며 한숨을 내쉬었다.

"편지를 써 본 적이 있어야 쓰지. 그것도 이메일도 아니고 손편지. 심지어 이렇게 고전적인 만년필로 써야 하다니……. 디지털 시대에 살던 나한테 너무 어렵다고."

결국 두 사람이 편지를 마무리한 것은 자정이 훨씬 지난 시간이었다. 둘은 졸린 눈을 비비며 마지막으로 편지를 읽어 보았다.

"이 정도면 왕실의 품격도 지키면서 내가 관심이 있다는 것도 자연스럽게 알아챌 수 있을 거야."

릴리벳은 만족스럽다는 듯 고개를 끄덕였다. 은채도 자기가 쓴 편지를 편지봉투에 넣으며 뿌듯한 듯 가슴을 폈다.

"유치원에서 생일파티 초대장 써 본 뒤로 손으로 편지 써 보긴 처음이다. 완전 뿌듯한데?"

은채와 릴리벳은 큰 고민을 덜어낸 덕분에 편하게 잠자리에 들 수 있었다.

하지만 날이 밝자 상황은 180도 달라졌다. 편지를 우체통에 넣기 전 마지막으로 읽어 본 릴리벳은 화끈거리는 얼굴로 비명을 질렀다.

"말도 안 돼! 이 유치하고 낯간지러운 말들을 내가 썼단 말이야? 아니, 위문편지에 웬 로미오와 줄리엣 얘기를……! 아우, 절대 못 보내."

은채는 릴리벳보다 더 절망적이었다.

"으악! 무슨 편지가 글씨보다 그림이 더 많아? 이게 어딜 봐서 십대 소녀가 쓴 편지냐고! 그림이라도 잘 그렸으면 또 몰라. 완전 유치원생이 그린 그림일기다. 절대 안 돼. 아무한테도 보여 줄 수 없어."

은채와 릴리벳은 서로를 쳐다보며 고개를 단호히 저었다.

"이건 절대 남들이 보면 안 돼."

"당연하지. 이 비밀은 무덤까지 가지고 가야 해. 입 밖에 꺼내는 순간 절교다."

 둘은 각자의 편지를 편지봉투에 넣었다. 그리고 서랍 가장 깊숙한 곳에 던져 넣었다.

 간간히 머리 위를 지나가는 전투기의 엔진 소리를 제외하면 버킹엄 궁전에서의 생활은 단순한 일상의 반복이었다. 왕과 왕비는 가끔씩 라디오 연설을 하고 자동차를 타고 부대나 군함을 돌며 병사들의 사기를 북돋았고, 마거릿 공주는 유모와 하루를 보냈다. 은채는 장화와 모자를 쓴 채 릴리벳을 따라 농장에서 시간을 보내며 신문과 라디오 등에서 전하는 전쟁 소식에 귀를 기울였다. 2차 세계대전은 영국만의 전쟁이 아니었기 때문이었다. 한국 역시 한창 전쟁의 소용돌이에 휘말려 있던 것이다. 하지만 안타깝게도 영국에서는 한국에 대한 소식을 자주 접할 수가 없었다.

 그러던 어느 날, 버킹엄 궁전으로 독일의 전투기가 해협을 건너 영국 상공을 침범했다는 깜짝 놀랄 만한 소식이 날아들었다. 이 소식은 버킹엄 궁전뿐만 아니라 온 영국을 충격에 빠뜨리기에 충분했다.

전쟁의 그림자

독일 폭격기의 등장은 온 영국을 충격에 몰아넣었다. 폭격을 당한 해안가 마을은 순식간에 폐허로 변했고, 항구에 정박 중이던 배들은 그대로 수장되었다. 고기잡이배뿐만 아니라 군함 역시 마찬가지였다. 그리고 그 군함에 타고 있던 수많은 해군들 역시 사망자 명단에 이름을 올려야만 했다.

전화기는 밤새도록 불이 난 듯 요란하게 울려댔고, 교환원들은 손이 보이지도 않을 만큼 재빠르게 전국에서 날아오는 전화를 받아야 했다. 그리고 군관들은 끊임없이 전사자 명단을 들고 왕의 방을 찾아왔다. 밤새 한잠도 자지 못한 왕은 책상 위에 놓인 서류를 보며 주먹을 틀어쥐었다. 충혈된 그의 눈가에서 기어이 눈물이 흘러넘쳤다.

"히틀러 이 자가……!"

분노한 것은 왕뿐만이 아니었다. 전투를 치러 보지도 못한 채 아들과 형제를 잃은 영국 국민들의 분노는 말 그대로 하늘을 찌를 듯했다.

의회 역시 큰 파도가 몰아쳤다. 어떻게든 히틀러와 접촉하여 평화협정을 맺으려던 네빌 체임벌린 총리는 해도 뜨기 전에 사임을 발표했다. 그의 뒤를 이어 총리가 된 사람은 오래전부터 히틀러의 야욕과 폭력성을 경계해야 한다고 주장하던 처칠이었다. 영국을 대표해 독일에 선전포고를 할 정도로 호전적인 처칠은 총리가 되자마자 특유의 굵고 걸걸한 목소리로 길고 감동적인 연설을 했다.

"오늘 영국은 크나큰 슬픔에 빠졌습니다. 그리고 나는 오늘 여러분의 소중한 아들, 소중한 형제를 군인으로 내어 달라고 여러분께 요구할 것입니다. 대가는 없습니다. 나에게는 피와 수고와 눈물과 땀 이외에는 내놓을 것이 아무것도 없습니다. 하지만 이것 하나만은 반드시 약속드립니다. 우리는 고귀한 승리와 정의를 손에 넣기 전에는 절대로 물러서지 않을 것이며 뒤돌아보지 않을 것이고, 후회하지 않을 것입니다."

은채는 치직거리는 라디오의 잡음 사이로 들리는 처칠의 목소리에 가슴이 뭉클해졌다. 그의 연설에는 우아하고 기품 있는 수식어도, 듣는 이의 감성을 자극하는 낯간지러운 문장도 없었다. 하지만 연설이 시작될 때부터 끝날 때까지 내내 뻣뻣한 목소리는 그의 진심을 그대로 대변해 주었다.

응접실에 둘러앉아 그의 연설을 듣는 왕과 왕비 그리고 릴리벳과 마거릿 두 공주도 은채와 마찬가지로 눈시울을 붉혔다. 대다수의 영국인들 역시 처칠의 연설에 깊은 공감을 표했다. 그의 연설에 감동한

청년들은 복수를 위해 그리고 정의를 위해 손에 들고 있던 펜과 곡괭이를 내던지고 앞다투어 군대로 달려갔다.

궁전도 사정은 마찬가지였다. 그나마 몇 명 남지 않은 남자 일꾼들이 죄다 입대를 해 버린 뒤 젊은 여자 시녀들 역시 남자들이 떠난 자리를 대체하기 위해 상점으로, 공장으로 떠나버리자 왕궁은 순식간에 텅 비어버렸다.

왕궁 안쪽만 변화가 있는 것이 아니었다. 하루에 두어 번 지나가던 전투기들은 하루 종일 굉음을 내며 런던 상공을 날았고 왕궁 앞 광장에는 하루에도 몇 번씩 탱크며 장갑차 같은 기갑부대가 끝도 없이 지나갔다.

독일의 폭격은 끝도 없이 이어졌다. 독일이 자랑하는 메셔슈미츠 BF 109의 매끈한 동체와 귀청을 찢을 듯한 엔진소리는 영국인들에게 공포의 대상이었다.

"1차 대전 때도 영국은 독일에게 엄청난 폭격을 당했거든. 나 어렸을 때였는데 지금도 그때 생각만 하면 악몽을 꿀 정도야."

릴리벳의 말에 은채는 덜컥 겁이 났다.

"그, 그럼 여기도 위험한 거잖아?"

릴리벳은 피식 웃었다.

"걱정 마. 그때도 런던에는 폭탄 하나 안 떨어졌으니까. 런던은 파리와 더불어 폭격 금지 구역이거든."

"폭격을 못 해? 왜?"

"히틀러가 바보가 아닌 다음에야 감히 런던에 폭탄을 쏟아붓진 못하지. 런던에 궁전이 몇 개고 성당이 몇 개인데? 흔히들 유럽 하면 파리를 떠올리는데 유럽 문화의 정수는 파리가 아니라 바로 런던이란 말이야. 런던에 폭탄이 아니라 수류탄 하나라도 떨어지는 날에는 온 영국 사람들, 아니 온 유럽인들이 죄다 베를린으로 달려갈걸? 그러니까 걱정 마."

릴리벳의 호언장담에도 은채의 마음은 편하지 않았다. 꿈에서도 콧수염이 난 괴물에게 시달린 은채는 다음 날 늦게야 침대에서 나올 수 있었다.

"어린 공주님들은 시골로 보내심이 어떠신지요?"

"시골이요?"

은채가 막 1층으로 내려왔을 때, 응접실에서 왕비와 나이 든 유모의 목소리가 흘러나왔다. 은채는 멈칫 발걸음을 멈추고 그들의 대화에 귀를 기울였다.

"독일의 폭격기들이 주로 맨체스터 같은 대도시를 노리고 있는 걸 잘 아시잖습니까."

"알고 있어요. 주로 군수품 공장에 폭격을 가하고 있죠. 그래서 국왕 전하와 의회에서 대도시에 사는 어린 아이들을 시골로 보내기로 결정했잖아요."

왕비의 말에 유모는 고개를 끄덕였다.

"그러니까 드리는 말씀이에요. 두 공주님도 런던을 떠나셔야 합니다. 이왕이면 글레스고 같은 북부로 보내세요."

왕비는 주름 가득한 유모의 얼굴을 들여다보다가 고개를 흔들었다.

"런던은 영국의 그 어느 곳보다 더 안전해요. 그건 유모가 더 잘 알잖아요. 더구나 이 궁전은 더더욱 폭격당할 일 없어요."

"그래도 만약에, 그 흉악한 히틀러가 최후의 협정마저 깨뜨리면……."

유모의 얼굴에는 릴리벳과 마거릿에 대한 걱정이 가득했다. 왕비는 그녀의 주름진 손을 잡고 말했다.

"만에 하나 런던이 폭격당한다 하더라도 나와 내 딸들은 버킹엄 궁전에 남을 겁니다."

"예? 하지만 왕비마마."

"유모, 내 남편은 영국의 왕이고 나는 영국의 왕비예요. 그리고 내 딸들은 어리지만 공주고요. 내 아이들은 절대 내 곁을 떠나지 않을 것이며, 나는 절대로 남편을 떠나지 않을 거예요. 그리고 내 남편은 당연히 궁전을 지킬 테고요. 그러니 그 얘기는 더 이상 꺼내지 마세요."

왕비의 음성은 차분했지만 확고했다. 은채는 거기까지 듣고 가만히 뒤뜰로 나갔다. 예상대로 릴리벳은 뒤뜰에 있었다. 완전한 농부 차림으로.

"그래? 그런 말씀을 하셨단 말이지."

은채에게 조금 전 상황을 전해들은 릴리벳은 놀랍지도 않다는 듯 고개를 끄덕였다.

"우리 어머니라면 그런 얘기를 하고도 남지. 아마 남자로 태어났으면 당장 총을 들고 독일로 날아가셨을걸?"

"그런 건 잘 모르겠고……. 아무튼 멋지더라. 딱 부러지게 얘기하는데 유모가 한 마디도 못 하는 거 있지. 다 맞는 말이니까 그런가?"

"그런 게 바로 노블리스 오블리제라는 거야. 가장 앞에 나서서 왕실의 위엄을 보이는 거지. 나도 언젠가 어머니나 아버지처럼 멋진 왕족이 될 거야."

릴리벳이 말한 기회는 금세 찾아왔다. 우연히 시내에 갔다가 군대를 지원하는 구호품 전달 서비스 부서(WATS; Women's Auxiliary Territorial Service) 모집 공고를 본 것이다. 릴리벳은 냉큼 전단지 한 장을 뜯어냈다.

"나 WATS에 지원했어."

신이 난 얼굴로 뛰어든 릴리벳의 말에 은채는 눈을 깜빡였다.

"뭘 했다고?"

"구호품 전달 서비스 부서에 지원했다고. 내일부터 요 옆 군부대로 출근할 거야."

"누가? 네가? 아니, 무슨 공주가 군 복무를 해?"

은채가 놀란 만큼 왕과 왕비도 놀란 표정을 지었다. 하지만 은채의 생각과는 달리 둘은 선선히 릴리벳의 결정을 지지했다.

"구호품 전달 업무라면 나도 잘 알고 있단다. 네 또래의 여학생들이 많이 지원한다고 하더구나."

"궁 밖으로 나가더라도 네가 공주라는 사실을 절대 잊어선 안 돼. 동시에 사람들에게 공주 대접을 바라서도 안 되고. 알다시피 지금은 전쟁 중이잖니."

왕과 왕비는 금방이라도 기절할 듯 창백해진 유모의 시선을 애써 피하며 한 마디씩 했다. 그리고는 내일 멀리 군대를 시찰해야 한다는 핑계 아닌 핑계를 대며 후다닥 침실로 들어가 버렸다. 철 모르는 마거릿은 그저 부럽다는 표정으로 릴리벳을 바라보았다.

"언니, 멋지다. 나도 두 살만 많았으면 언니랑 같이 구호품…… 그거 하는 건데."

"마거릿 공주님! 아이고, 그런 무서운 얘기는 하지도 마세요. 국왕 전하랑 왕비마마도 원……. 릴리벳 공주님을 말릴 생각은 안 하시고 오히려 부추기면 어쩌자는 거야?"

유모는 혀를 끌끌 차다가 마거릿을 데리고 방으로 들어갔다. 둘이 남자 은채는 릴리벳의 손을 꼭 잡았다.

"릴리벳. 처음 만났을 때부터 지금까지 난 네가 전쟁 나도 속편하게 궁전에서 지내면서 취미로 농사나 짓는 촌스런 공주인 줄 알았거든. 그런데 군대까지…… 나 완전 감동했어."

릴리벳은 쑥스러운 듯 피식 웃고는 한 마디 했다.

"뭘 그렇게까지. 어차피 너도 같이 갈 건데."

"응? 누, 누가 어딜 가?"

"너. 지원서에 네 이름도 같이 썼거든."

"내 이름을? 아니 왜? 대체 왜?"

"우린 친구잖아. 당연히 같이 가야지. 내일 일찍 가기로 했으니까 얼른 자자."

릴리벳은 유령처럼 창백해진 은채의 어깨를 툭툭 두드렸다. 릴리벳

까지 방으로 들어가자 혼자 남은 은채는 그제야 제정신으로 돌아왔다.

"야! 이 말괄량이 공주야! 내 이름은 거기다 왜 써? 난 궁전에 있을 거라고오오-!"

은채의 절규는 텅 빈 응접실을 한동안 떠돌다가 허망하게 흩어졌다. 어디선가 바람이 불어와 촛불까지 꺼지자 응접실 안으로 어둠이 꾸역꾸역 밀려들었다. 그렇게 어두워진 응접실에서 은채는 의자에 털썩 주저앉고 말았다. 방까지 걸어갈 힘도 없었다.

"릴리벳 이 골칫덩어리. 전쟁이 장난이냐고. 거기에 왜 날 끼워 넣어. 엄마, 보고 싶어……."

런던 시내를 벗어나자마자 탁 트인 초록 들판과 야트막한 구릉이 차창 너머로 은채를 반겨 주었다. 군부대는 넓은 초지의 한쪽 끝에 자리 잡고 있었다. 투박하지만 실용적인 회색 건물들과 간이 막사가 끝없이 줄지어 늘어서 있었다. 전국 각지에서 몰려온 훈련병들을 다 감당할 수가 없어서 임시로 설치한 막사들이었다.

다행히 WATS, 즉 구호품 전달 서비스 부서는 이름만 거창했지 사실은 전선으로 나가는 군인들의 소지품을 챙겨 주거나 훈련병들의 식사 준비, 혹은 우편물 전달이나 전화 교환 같은 간단한 업무를 했다. 잔뜩 겁을 먹었던 은채는 생각보다 간단한 업무에 안도의 한숨을 쉬었다. 더구나 훈련장은 공군 기지까지 겸하고 있어 사방에 커다란 안테나가 서 있었다.

"저 정도면 독일의 폭격기가 날아오면 여기서 제일 먼저 알겠네.

나름 안전한 건가?"

더더욱 다행인 것은 은채가 일해야 할 곳이 매점이란 사실이었다.

"꺄아악! 신 난다!"

매점이라고 적힌 종이를 뽑는 순간, 은채는 자기도 모르게 환호성을 질렀다. 당연히 금세 입을 틀어막기는 했지만 이미 주변 사람들의 시선은 일제히 은채에게 몰려든 뒤였다. 군복을 입은 병사들의 황당한, 함께 버스를 타고 온 여학생들의 부럽다는 시선에 은채는 목까지 빨개져서 고개를 푹 숙였다.

"으이구, 이 푼수. 먹을 게 그렇게 좋냐?"

업무 분담이 모두 끝난 뒤 밖으로 나온 릴리벳이 놀리듯 말했다.

"야, 너까지. 그나저나 넌 무슨 업무야? 창피해서 네가 무슨 종이를 뽑았는지 듣지도 못했네."

릴리벳이 환하게 웃으며 한쪽 어깨에 둘러멘 가방을 가리켰다.

"이거 안 보여? 우편배달부."

"그거 힘들지 않아? 하루 종일 돌아다녀야 하는 거잖아. 더구나 공주인데……. 위험하지 않겠어? 나랑 바꿀래?"

은채의 말에 릴리벳은 큰 소리로 웃음을 터뜨렸다.

"하하하하! 아까 그렇게 좋아했는데 네가 나를 위해서 매점을 포기한다고? 안 믿는다, 안 믿어."

은채도 피식 웃었다.

"하긴 매점을 포기할 수는 없지. 열심히 해 봐."

릴리벳이 마주 웃으며 편지가 가득 들은 가방을 고쳐 멨다.

"응. 나 열심히 할 거야. 이 가방 안에 든 건 편지가 아니라 병사들의 가족들, 친구들, 연인들의 사랑이거든."

릴리벳의 눈빛은 진지했다. 그리고 은채는 릴리벳 역시 자신만의 전쟁을 치를 각오가 되어 있음을 직감했다. 이럴 때 할 수 있는 말은 한 가지뿐이었다.

"넌 잘할 거야, 엘리자베스 공주."

"꺄아악!"

릴리벳과 헤어진 뒤 매점 안으로 들어간 은채는 비명 같은 환호성부터 질렀다. 매점은 정말 넓었다. 그리고 그 넓은 매점 안에는 온갖 종류의 먹거리가 산처럼 쌓여 있었다. 바삭바삭한 쿠키와 스낵은 물론 금방 만든 듯한 케이크와 각양각색의 초콜릿, 한 번도 먹어 본 적 없는 치즈와 아이스크림들이 은채의 눈과 코를 즐겁게 했다. 간식 사랑이 남다른 은채는 반쯤 풀린 눈으로 제자리에서 폴짝 뛰었다.

"천국이 따로 없네. 이 좋은 델 내가 왜 오기 싫다고 했을까? 릴리벳, 넌 정말 좋은 친구야."

은채는 계산대 옆에 수북이 쌓인 쿠키부터 홀랑 입안에 털어 넣었다. 진한 땅콩맛과 달콤한 바닐라 향이 입 안 가득 풍겼다.

"으음~ 촉촉하고 부드러워. 역시 영국은 쿠키의 나라라니까. 이번엔 초콜릿칩을……."

은채의 손이 분주해질수록 계산대 위에 쌓이는 텅 빈 봉지들도 함께 늘어났다.

딸랑!

경쾌하고 맑은 종소리가 난 것은 은채가 한창 복잡한 케이크 포장지와 씨름을 할 때였다. 은채는 고개도 들지 않고 말했다.

"다 고르신 다음에 계산대로 가져오세요."

"고르긴 뭘 골라? 네가 쿠키처럼 생긴 건 다 먹어치워서 먹을 것도 없네. 그거라도 남겨 주지?"

"누, 누가 다 먹었다고 그래요? 저기 저렇게 많은데⋯⋯."

"난 초코 케이크 아니면 안 먹거든? 그리고 그게 바로 마지막 초코 케이크이란 말이야."

목소리가 들리는 것과 동시에 누군가의 손이 은채의 손을 덥석 움켜잡았다. 놀란 은채는 고개를 번쩍 들었다. 그리고는 믿을 수 없다는 듯 눈을 동그랗게 떴다. 장난기를 담고 반짝이는 초록빛 눈동자와 오뚝한 콧날, 금방이라도 웃음을 터뜨릴 듯 위로 슬쩍 비틀린 입술. 은채의 손을 잡은 사람은 바로 루이였다.

"루이?"

툭!

힘이 빠져 버린 은채의 손에서 케이크 상자가 바닥으로 떨어져 내렸다. 루이는 깜짝 놀라 소리쳤다.

"으아악! 안 돼! 야, 이게 마지막 초코⋯⋯ 응?"

납작하게 뭉개진 케이크를 내려다보다가 고개를 든 루이는 깜짝 놀라고 말았다. 은채의 눈에 눈물이 그렁그렁했기 때문이었다.

"왜, 왜 또⋯⋯ 아, 내가 말이 심했지? 너처럼 무턱대고 과자를 먹어치우는 애는 처음 봐서, 에, 그러니까 귀, 귀여워서 그랬어. 진짜야. 네가 먹은 거랑 이 케이크까지 다 내가 계산할게. 그러니까 울지 마."

루이는 진땀까지 뻘뻘 흘리며 은채를 위로했다. 그제야 자기가 울기 직전임을 깨달은 은채는 급히 손등으로 눈가를 벅벅 문질렀다.

"누, 누가 운다고 그래? 아까워서 그렇지. 으으…… 저 맛있는 케이크를 한 입도 못 먹었네."

"아까워서 그런 거야?"

"다, 당연하지. 그럼 왜 이러겠어?"

은채는 크게 고개를 끄덕이고는 조심스럽게 물었다.

"그런데 언제부터 여기 있었어? 그 복장, 그거 비행사 복장 맞지?"

은채의 말처럼 루이는 위아래가 붙은 진초록색 옷에 무릎까지 오는 가죽 장화, 귀를 덮는 괴상하게 생긴 모자를 쓰고 있었다. 루이는 자랑스럽다는 듯 가슴을 쭉 내밀었다.

"응. 이게 바로 영국의 전투기 조종사 복장이야. 이 마크 보이지? 이걸 단 사람만이 영국의 자랑인 스핏파이어의 조종석에 앉을 수 있다 이거지."

"스핏, 뭐라고?"

"스핏파이어! 독일의 메서슈미트 Bf 109에 맞설 수 있는 유일한 전투기라 이 말씀이지. 그 미끈한 동체랑 거친 엔진 소리를 들으면 독일 녀석들이 꽁무니를 빼기 바쁘다니까. 으하하!"

마치 자식을 자랑하는 아빠라도 된 듯 눈까지 반짝이며 목소리를 높이는 루이는 영락없이 새까만 돛을 활짝 펼친 시레나 호를 자랑하는 후안이었다. 은채는 입술 사이로 새어나오는 웃음을 꾹 참으며 말했다.

"아무리 비행기가 좋다고 해도 이런 복장으로 밖을 돌아다니냐? 안 창피해?"

"창피하긴! 이 복장이 나한테 제일 잘 어울린단 말이야. 이 초록색이 내 뽀얗고 잘생긴 얼굴을 한층 더 빛나게 한다고나 할까?"

말은 그렇게 했지만 루이도 쑥스러운지 슬쩍 얼굴을 붉히고는 한마디 덧붙였다.

"그리고 내일 새벽에 비행이 있거든. 새 군복이라 몸에 익혀 두려고 입고 다니는 거야."

은채는 심장이 덜컥 내려앉는 기분이었다.

"비행? 혹시, 폭격?"

루이는 선선히 고개를 끄덕였다.

"그렇지. 난 전투기 조종사니까."

"그럼 어디로?"

"일단 프랑스로 날아간 다음에 거기에서 프랑스 전투기들과 함께 작전을 펼칠 거야. 최종 폭격 장소는 군사 기밀이라나 뭐라나."

거기까지 말한 루이는 문득 손가락을 딱 튕겼다.

"아, 너 내 비행기 구경하러 갈래?"

"하지만 난 매점을 지켜야……."

"매점이야 아무나 지키면 되지. 어이, 거기! 잠깐 매점 좀 봐."

루이는 막 매점으로 들어서는 한 병사에게 말하고는 은채의 팔을 잡아끌었다.

"하, 하지만."

"격납고는 바로 이 옆이야. 보면 너도 홀딱 반하고 말걸?"

"이것 좀 놓고, 죄송합니다. 아무거나 먹고 있어요. 금방 올게요."

은채는 루이에게 끌려가면서 뭐가 뭔지 모르겠다는 듯 멍한 얼굴의 병사에게 소리쳤다. 병사는 오히려 신 난다는 듯 환하게 웃으며 손까지 흔들었다.

"천천히 와도 돼."

격납고는 루이의 말처럼 가까이에 있었다. 양철로 만든 둥근 지붕과 유리창 하나 없는 거대한 창고의 문을 열자 루이가 입이 닳도록 자랑하던 스핏파이어가 보였다. 막 정비를 마친 듯 티끌 하나 없는 비행기의 양 날개에는 영국의 국기인 유니온 잭이 선명하게 그려져 있었다.

은채는 커다란 프로펠러가 달린 비행기 앞으로 천천히 다가갔다. 박물관에서도 볼 수 없을 정도인 오래전의 비행기는 놀랍도록 아름다웠다. 한 발 한 발 가까이 갈수록 놀라움은 더욱 커졌다. 비행기는 생각보다 컸고 천장에서 쏟아지는 전등 빛이 전투기의 검푸른 동체 위에서 잔물결처럼 부서졌다. 잘 손질된 프로펠러에서는 기름 냄새가 났고, 뾰족한 앞머리에는 마치 누군가 낙서를 한 듯 상어 모양의 이빨이 뾰족뾰족 그려져 있었다.

"멋지지? 내가 직접 그린 거야. 건드리는 녀석은 누구든 물어뜯겠다는 깊은 뜻이 담겨 있지."

루이는 사랑하는 연인을 보는 듯한 눈으로 자신의 비행기를 바라보았다.

"멋지긴 뭐가 멋져? 다 비뚤어졌구만. 그리고 비행기에 웬 상어? 차라리 독수리 발톱을 그리지."

은채의 면박에 루이는 이마를 탁 쳤다.

"아, 맞다. 독수리! 그게 더 폼 났을 건데. 내가 왜 그 생각을 못 했지?"

루이의 장난스러운 행동에도 은채는 웃을 수 없었다. 조종칸 옆에 삐죽 튀어나온 시커먼 총신과 날개 아래 붙어있는 긴 폭탄이 눈에 들어왔기 때문이었다. 전쟁은 감당하기 힘들 정도의 압박으로 은채의 온몸을 죄어왔다.

"흠흠. 그래서 이 비행기 이름이 뭐야?"

은채는 답답한 기분을 털어내려 숨을 크게 쉰 뒤 물었다.

"이름? 그냥 17호기라고 부르는데?"

"칫. 그렇게 애지중지 자랑하더니 이름도 하나 안 붙였어? 가만 있어봐. 내가 하나 지어 줄게."

은채는 골똘히 생각에 빠진 듯 한쪽 손으로 턱을 만지작거렸다. 하지만 이미 비행기의 이름은 정해져 있었다.

"시레나 호. 어때?"

루이는 인상부터 썼다.

"시레나? 그거 혹시 인어란 뜻 아니야? 이건 배가 아니라 비행기라고."

"시레나라고 못 부를 이유는 또 뭐야? 벌써 네가 상어를 떡하니 그려놨잖아."

"그래도 시레나는 좀……."

"아, 몰라. 이 비행기 이름은 무조건 시레나야. 알았지? 저기 페인트 남았네. 이참에 아예 적어 놓게 갖고 와. 얼른!"
 은채의 재촉에 루이는 머뭇거리면서도 걱납고 한쪽에 있던 페인트 통을 들고 왔다. 은채는 페인트를 듬뿍 바른 붓으로 조종칸 옆에 커다랗게 시레나라는 글씨를 적어 넣었다.
 "시레나……. 그렇게 써 놓고 보니까 나쁘진 않네."
 "그치?"

루이가 고개를 끄덕이자 은채는 그제야 환하게 웃었다.

"은채 너 여기서 뭐 해? 그리고. 혹시 루이?"

등 뒤에서 릴리벳의 목소리가 들린 것은 은채가 비행기 구경을 마치고 매점으로 돌아가기 위해 돌아섰을 때였다.

"고, 공주님? 여기서 뭐하세요?"

루이는 릴리벳의 얼굴을 알아보고는 하얗게 질려 물었다. 은채와 릴리벳은 풋 웃음을 터뜨렸다.

"오늘부터 구호품 전달 업무에 자원했거든. 난 매점, 릴리벳은 우편배달부야."

"루이 헤밀턴 맞죠?"

릴리벳은 어깨에 메고 있던 가방에서 편지 봉투 몇 개를 꺼내들었다.

"여, 영광입니다, 공주님."

루이는 두 손으로 편지 봉투를 받아들었다. 그의 뻣뻣한 몸짓에 은채는 물론이고 릴리벳까지 웃음을 터뜨렸다.

"하하하! 지금이 무슨 중세시대도 아니고 무슨 공주님이야. 그냥 편하게 말해도 돼. 그리고 지금은 전시잖아. 지위로 보면 네가 까마득히 높다고."

은채는 아예 배를 움켜잡고 웃어댔다.

"크크크. 루이, 너 사회생활 잘 하겠다. 어쩜 그렇게 한순간에 돌변하냐."

"그만 좀 웃지? 공주도 그만 좀 웃고."

두 소녀가 하도 웃어대자 루이는 약간 삐친 듯 툴툴거리며 편지 봉투를 하나하나 살펴보았다.

"흠흠. 이건 위문편지고 이건 공문서, 어? 이건 필립이 보냈네. 하여튼 성실하다니까."

루이의 말에 릴리벳과 은채는 동시에 웃음을 그쳤다. 릴리벳이 힐끗 봉투를 살펴보았다. 하지만 안타깝게도 편지 봉투의 뒷면에는 보낸 사람의 이름이 보이지 않을 정도로 복잡한 소인이 가득 찍혀 있었다.

"뭐라고 써 있어?"

궁금해 죽겠다는 얼굴의 릴리벳을 대신해서 은채가 루이에게 물었다. 루이는 편지를 대충 살피며 말했다.

"응? 별 건 없어. 그냥 가벼운 교전이 있었다는 정도?"

"교전? 그럼 설마 다치거나……!"

릴리벳이 짧은 비명을 질렀다. 루이는 급히 손을 내저었다.

"독일 해군은 엄청 약해서 이 정도 교전이면 다치는 사람도 안 나와요. 걱정하지 마세요."

루이의 말에 릴리벳은 가슴을 쓸어내렸다. 그리고는 조심스럽게 말했다.

"그런데 루이, 그 편지 봉투 나 주면 안 될까?"

"안 될 건 없지만 이걸 왜요?"

"그, 그게, 그러니까 내가 우표를 수집하거든. 그런데 소인이 찍힌 우표가 더 가치가 있다고 하더라고. 더구나 봉투의 소인을 보니까 엄청 많은 나라를 경유한 것 같아서……. 전쟁이 끝나면 기념이 되지 않을까?"

릴리벳의 말은 은채가 듣기에도 어설펐다. 더구나 새빨개진 릴리벳의 얼굴은 진짜 갖고 싶은 건 봉투에 붙은 우표가 아니라 소인 아래 적힌 필립의 주소라는 것을 말해 주고 있었다.

은채와 마찬가지로 루이 역시 그런 릴리벳의 마음을 단번에 알아챘다. 루이는 선선히 편지 봉투를 내밀었다.

"고, 고마워."

마음이 들켜 버린 릴리벳은 편지 봉투를 받아들자마자 재빨리 격납고에서 뛰어나갔다. 그런 릴리벳의 뒷모습을 보며 루이는 큭큭 웃음을 터뜨렸다.

"필립 녀석, 대단한 분의 관심을 받고 있잖아. 공주라고 해서 무지도도하고 새침할 줄 알았는데 제법 귀엽네."

은채는 그런 루이의 등을 손바닥으로 찰싹 때렸다.

"무엄하게 공주한테 귀엽다가 뭐냐?"

"야, 중세시대도 아닌데 뭐 어때? 그나저나 공주 의외네. 장난 좀 쳐 줄까? 아니면…… 아악! 또 왜 때리는데?"

"장난? 네가 보기에 사랑이 장난이야? 릴리벳이 필립 좋아하는 게 왜 웃기는데? 네가 사랑을 알아? 무책임하고 제멋대로에 다른 여자나 좋아하는 네가 뭘 아냐고! 흑!"

당황하는 루이에게 마구 쏘아붙이던 은채는 급기야 울음을 터뜨렸다.

"야, 네가 날 언제 봤다고 무책임하대? 그리고 다른 여자는 언제 좋아했다고…… 야, 너 왜 울어? 뚝 그쳐. 응?"

루이가 식은땀까지 뻘뻘 흘리며 은채를 위로했지만 은채의 울음은 오히려 더 커졌다.

"흐어어어엉! 네가 사랑을 아냔 말이야. 이 바보야!"

루이는 급히 주머니를 뒤져 손수건을 꺼내들었다. 다행히 오늘은 기름이 묻지 않은 깨끗한 손수건이었다.

"자, 닦아."

은채는 루이의 손수건으로 눈물을 닦고는 시원하게 코까지 풀었다. 은채가 조금 진정된 듯하자 루이는 그제야 안도의 한숨을 내쉬었다. 그러고는 머뭇거리다가 변명하듯 말했다.

"그리고 오해하지 마. 내가 웃은 건 릴리벳 공주가 웃겨서 그런 게 아니라 아까 그 봉투에 적힌 주소로는 소용없기 때문이야."

"응? 주소가 다르단 말이야?"

"필립은 배를 타고 다니잖아. 그 편지는 잠깐 머물렀던 항구에서 보낸 거고 지금은 다른 곳에 있을 거야. 거기로 편지 보내 봤자 필립은 못 받아 봐."

"그, 그래? 그럼 아까 말해 주지 그랬어. 역시, 놀리려고 그런 거지?"

은채가 다시 울려고 하자 루이는 펄쩍 뛰며 손을 흔들었다.

"아니야. 절대 아니야. 편지 끝에 쓰여 있어서 나도 지금에야 봤다고. 내가 어떻게 감히 공주를 놀려먹겠냐?"

"그렇지. 당연히 그렇겠지. 그럼 제대로 된 주소 좀 보여줘. 릴리벳에게 알려줘야지."

루이는 선선히 편지를 내주었다. 그러다가 문득 고개를 갸웃거렸다.

"그런데 넌 왜 나만 보면 울려고 해? 내가 너한테 뭐 잘못한 거라도 있냐?"

"아니."

"그럼 아깐 왜 울었어? 혹시 해군 사관학교에서 만나기 전에 어디서 나랑 만난 적 있어?"

은채는 알 듯 모를 듯 묘한 미소를 지었다.

"글쎄? 만난 적이 있다고 할 수도 있고 아니라고 할 수도 있지."

"그게 무슨 소리야? 있단 거야, 없단 거야?"

"기억을 잘 뒤져 봐. 그럼 난 이만."

은채는 혼란스러운 루이의 어깨를 툭툭 치고는 매점으로 갔다. 혼자 남은 루이는 비행기 날개 아래 쪼그리고 앉아 심각한 고민에 빠졌다.

"어디서 만났었지? 유치원? 아니야. 동양인은 없었어. 그럼 초등학교였나? 아니야. 중학교인가? 아니면 프랑스에서 봤나? 아아악! 진짜 모르겠다. 무슨 수수께끼도 아니고. 그냥 속 시원히 말 좀 해 주면 얼마나 좋아."

"릴리벳!"

은채는 격납고에서 나오자마자 릴리벳을 찾았다. 릴리벳은 격납고에서 멀지 않은 벤치에 앉아 소인이 가득 찍힌 편지 봉투를 유심히 들여다보고 있었다. 은채는 그럴 줄 알았다는 듯 빙긋 웃으며 그 옆에 슬쩍 앉았다.

"보이냐?"

"헉! 어, 언제 왔어?"

"으이구, 저기부터 목이 터져라 부르고 왔거든?"

"그랬어?"

"얼마나 열심히 봤으면 눈이 가운데로 몰렸네."

"야, 내가 언제?"

은채는 얼굴을 붉히는 릴리벳을 보며 키득키득 웃었다. 그리고 루이에게 받은 편지를 내밀었다.

"받아. 루이가 그러는데 여기 적힌 게 바른 주소래. 거기 적힌 건 소용없대."

"그래?"

릴리벳은 편지를 받아 가방 가장 깊숙한 곳에 챙겨 넣었다.

"루이에게 고맙네. 일부러 편지도 챙겨 주고. 저녁에 따로 인사라도 해야겠다."

은채는 피식 웃었다.

"인사는 무슨. 아, 그러지 말고 우리 루이랑 소풍갈까? 이 앞에 전망 끝내주는 잔디밭 있던데. 먹을 것도 잔뜩 싸 가지고 가자."

릴리벳은 눈을 동그랗게 떴다.

"먹을 거? 우리가 먹을 게 어디 있어?"

은채는 씩 웃으며 자기 가슴을 탕탕 두드렸다.

"친구야, 나만 믿어. 내가 바로 매점 담당이라는 거 잊었니? 오늘 매점에 있는 음식들, 우리가 다 쓸어버리자."

하지만 매점을 탈탈 털겠다는 은채의 계획은 말 그대로 계획으로 끝나고 말았다. 해가 지기 직전에 루이가 릴리벳과 은채를 찾아왔던 것이다.

"가자."

바구니에 열심히 간식을 챙겨 넣던 은채와 릴리벳은 나쁜 짓을 하다 들킨 사람들처럼 펄쩍 뛰어 올랐다.

"가, 가자니 어딜?"

루이는 어리둥절해 하는 둘에게 씩 웃어 보였다.

"드라이브."

"드, 드라이브?"

루이는 도돌이표처럼 했던 말을 반복하는 은채와 릴리벳의 손을 잡아끌었다.

"일단 가자니까."

루이가 둘을 끌고 온 곳은 활주로였다. 어둑어둑해지기 시작한 하늘 아래 칼로 자른 듯 반듯하게 펼쳐진 활주로는 텅 비어 있었다. 단 한 대의 비행기만 제외하고는.

"이건……."

"시레나라는 멋진 이름이 생겼으니 시승식을 해야지. 민간인은 처음 태우는 거니까 영광으로 알라고."

비행할 준비를 마치고 활주로 위에 서 있는 것은 조금 전 격납고에서 봤던 검푸른 스핏파이어 시레나 호였다. 루이는 정수리 위에 걸쳐두었던 고글을 내려

쓰며 릴리벳을 향해 손을 내밀었다.

"공주님부터 타실까요?"

릴리벳은 머뭇거리며 그의 손을 잡았다. 그리고 비행기에 올라탔다. 그리고 그 뒤를 이어 은채도 간이 사다리를 밟고 비행기에 올랐다. 조종석 뒤쪽에는 두 사람이 간신히 앉을 수 있을 정도의 공간이 있었다.

"좁지? 원래 1인승이라 따로 의자가 없어. 릴리벳 공주도 불편해도 좀 참아. 하늘에서 내려다보는 영국은 그 정도 불편은 감수할 만큼 아름답거든."

루이는 조종석에 앉은 뒤 두툼한 유리창을 닫았다. 철컥, 유리창이 닫히는 소리와 함께 프로펠러가 돌기 시작하자 은채는 덜컥 겁이 났다.

"으악! 나 비행기 한 번도 안 타 봤단 말이야. 이거 혹시 떨어지거나 그러진 않겠지?"

"야, 나 못 믿냐? 내가 바로 영국 최고의 전투기 조종사거든?"

무섭기는 릴리벳도 마찬가지였다.

"그런데 이거 1인승이라면서? 우리 셋이 다 타도 되는 거야? 중량 초과로 떨어지는 거 아니야?"

"걱정 마세요. 혹시 몰라서 폭탄에 총, 예비 기름까지 죄다 내려 놓고 오는 길이니까."

루이의 대답에 은채가 발끈했다.

"야! 총까지 놓고 갔다가 독일 전투기를 만나면 어떻게 해?"

"안 오는 거 확인했거든? 내가 바보냐? 무려 공주님을 태우고 위험을 자처하게. 이제 그만 좀 날자. 준비 됐지?"

"아, 아니! 안 됐거든?"

"자, 잠깐만……!"

루이는 뒷자리에서 난리법석을 떠는 두 소녀의 비명소리를 들으며 조종간을 당겼다. 프로펠러가 힘차게 돌기 시작하는 순간, 비행기의 동체가 활주로를 미끄러지듯 내달리기 시작했다. 진동은 생각했던 것보다 훨씬 심했고, 프로펠러의 엔진 소리는 귀청을 찢을 듯 요란했다.

"으아아아악!"

"꺄아악! 엄마야!"

은채와 릴리벳은 누가 먼저랄 것도 없이 서로를 껴안으며 비명을

질렀다. 그 사이로 루이의 시원한 웃음소리가 섞여 들었다. 그리고 다음 순간, 시레나 호의 코끝이 하늘을 향해 높이 들려졌다.

몸이 뒤로 젖혀지는 순간, 은채는 누군가 뒤로 확 잡아끄는 느낌에 비명을 삼키고 숨을 멈추었다. 마치 다이몬드를 집어 드는 순간처럼 아찔한 현기증이 밀려왔다. 그리고 다음 순간, 놀란 은채의 눈앞으로 거짓말처럼 구름이 쏟아져 들어왔다.

"맙소사……."

육중한 시레나 호의 동체는 어느새 하늘을 날고 있었다. 마치 곤충의 외피처럼 단단한 날개 위로 주홍빛으로 물든 구름이 흘러갔다. 은

채는 아직까지 두 눈을 질끈 감고 있는 릴리벳의 손을 꽉 잡았다.
"릴리벳! 봐!"
그제야 릴리벳도 슬며시 눈을 떴다. 그리고 경탄 어린 시선으로 사방을 둘러보았다. 융단처럼 발밑으로 깔린 구름은 막 해가 진 뒤라 짙은 보랏빛으로 물들어 있었고, 그 사이로 보이는 훈련소는 마치 장난감처럼 보였다. 막 저물기 시작한 태양의 빛을 받은 수평선에는 황금빛 잔물결이 부서졌다. 어느새 동쪽 하늘로 떠 오른 달은 지상에서 보았던 것과는 비교할 수도 없을 정도로 커다랬다.
"세상에."
"멋지지? 거 봐. 후회 안 한다니까."
루이의 목소리에는 자부심과 창공에 대한 애정이 가득했다. 은채는 그제야 루이가 그토록 하늘을 사랑하는 마음을 알 것도 같았다. 맨 처음 후안과 함께 검푸른 바다를 누비던 그 옛날의 영국으로 돌아간 듯 가슴이 두근거렸다. 그리고 또 다시 이런 설렘을 느끼게 해 준 루이가 더없이 고마웠다.
은채는 힐끗 시선을 돌려 투명한 유리창에 비친 루이의 옆얼굴을 바라보았다. 노을빛 때문인지, 막 떠오른 뿌연 달빛 때문인지 그는 낮에 보았을 때보다 열 배는 더 잘생기고 멋져 보였다. 은채는 붉게 물드는 뺨을 들키기 싫어 재빨리 고개를 돌렸다.
릴리벳 역시 가슴이 뛰긴 마찬가지였다. 하늘 위에서 내려다본 영국은 정말 아름다웠다. 그녀가 태어나고 지켜가야 할, 또한 다스려야 할 땅을 내려다본다는 것은 심장이 덜컥 내려앉을 정도로 감동적인 일이었다. 릴리벳은 날개를 스치는 구름과 유리 사이로 스며드는 바람, 어둠에 물드는 대지, 그 모든 것을 가슴 속에 아로새기려는 듯 숨을 죽였다.

그리고 그 아름다운 풍경 위로 루이의 얼굴이 겹쳐졌다. 필립의 주소를 알려준 것, 이런 멋진 경험을 가능하게 해 준 것까지 모두 릴리벳은 루이에게 가슴 깊이 고마움을 느꼈다. 그것은 필립에 대한 설렘과는 또 다른 따뜻함이었다. 릴리벳은 힐끗 유리창에 비친 루이를 훔쳐보았다. 그리고 조종간을 이리저리 당기는 루이를 사랑에 빠진 듯 진지한 눈빛으로 보며 슬쩍 얼굴을 붉혔다.

'설마, 아니겠지. 내가 잘못 본 걸 거야.'

은채는 고개를 저었다. 하지만 아무리 눈을 깜빡여도 릴리벳의 눈빛은 자기가 루이를 바라보는 그것과 똑같았다. 은채는 다시 한 번 고개를 힘껏 흔들어 가슴 한구석에서 스멀스멀 피어오르는 불안감을 털어냈다.

'아니야. 내 착각이야. 릴리벳에게는 필립이 있잖아.'

문득 창밖을 보니 어느새 주변은 완전히 까맣게 물들어 있었다. 폭격 때문에 불을 켜지 못하는 바람에 어둠은 순식간에 대지를 삼켜버렸다. 하지만 그 덕분에 별빛은 그 어느 때보다 더욱더 빛이 났다. 각각의 상념에 빠진 루이, 은채 그리고 릴리벳을 태운 시레나 호는 쏟아질 듯 반짝이는 별빛 사이를 유영하듯 떠돌았다.

폭격당하는 런던

다음 날 아침, 해가 뜨자마자 은채는 자리에서 벌떡 일어났다.

"으으. 이건 잔 것도 아니고, 안 잔 것도 아니야."

침대에서 내려오자마자 은채는 온몸을 비틀며 한바탕 기지개를 켰다. 푹신한 궁전의 침대에 비해 이곳의 침대는 너무 딱딱했다. 머릿속에 온통 릴리벳과 루이에 대한 생각이 뒤엉킨 실타래처럼 꼬여든 것도 깊이 잠들지 못한 이유였다.

"어? 벌써 나갔나?"

릴리벳이 자던 침대는 벌써 깔끔하게 정리되어 있었다. 은채도 서둘러 투박하고 질긴 군복으로 갈아입었다.

매점으로 달려가려던 은채는 문득 발걸음을 멈추었다. 그리고 잠시 망설이다 뒤돌아서서 격납고를 향해 달리기 시작했다.

"루이! 루이!"

가쁜 숨을 삼키며 은채는 격납고 문을 힘껏 열었다. 하지만 격납고 안은 텅 비어 있었다. 은채는 놀라 바로 옆 격납고로 뛰어갔다.

드르륵!

"뭐야? 다 어디 갔어?"

어제까지만 해도 시레나 호를 비롯하여 수많은 전투기들이 서 있던 격납고는 모두 텅텅 비어 있었다. 격납고 주변을 바삐 돌아다니던 조종사들도, 정비사들도 보이지 않았다. 은채는 한참 만에 간신히 정비사 한 명을 만날 수 있었다. 그는 땀을 뻘뻘 흘리는 은채를 오히려 이상하다는 눈으로 쳐다보며 말했다.

"오늘 새벽에 프랑스로 다 떠났잖아."

"프랑스요?"

"응. 몰랐어?"

그제야 은채는 프랑스로 간 뒤 거기 공군과 함께 작전을 펼칠 거라던 루이의 말을 떠올렸다. 은채는 조심스레 다시 물었다.

"프랑스로 간 뒤에는 어디로 가요?"

그는 힐끗 주변을 살핀 뒤 은채의 귓가에 속삭였다.

"이건 비밀인데 폴란드 전선으로 간대. 그런데 거기가 진짜 위험한 곳이라고 하더라고. 독일 최고의 전투 비행단이 있는 비행장을 폭격한다는데 그게 쉽겠어?"

그의 말에 은채의 얼굴은 단번에 하얗게 변했다.

"그렇게나 위험해요?"

"작전 성공은 고사하고 전멸만 당하지 않아도 성공하는 거라던데?"

더도 말고 딱 10%만 살아 돌아왔으면 좋겠다."

정비사는 쓴웃음을 지으며 자리를 떠났다. 하지만 은채는 그 자리에서 한 발짝도 움직일 수가 없었다. 발을 뗐다가는 그대로 넘어질 것만 같았기 때문이었다. 대신 은채는 활주로 너머로 보이는 바다를 바라보았다. 그리고 지금쯤 바다 건너편의 어느 하늘 위를 날고 있을 루이의 이름을 작게 불러보았다.

"루이, 제발 무사히 돌아와."

시간은 끔찍할 정도로 느리게 흘렀다. 매점을 지키는 은채의 온 신경은 벽에 걸린 라디오에 고정되어 있었다. 라디오에서는 하루 종일 치직거리는 잡음 사이로 유럽 각지의 소식을 전해 주었다.

릴리벳도 우편배달 업무가 끝나면 매점에 들러 라디오에서 흘러나오는 소식에 귀를 기울였다.

"저건 좀 과장이 심했다. 네덜란드는 연합군이 들어가서 사정이 좀 나아졌대. 진짜 문제는 스위스라던데?"

우편 업무의 특성상 릴리벳은 은채보다 전선의 소식을 많이 알고 있었다. 더구나 그녀는 극비문서도 열어 볼 수 있는 공주였다. 하지만 이런 릴리벳도 루이가 지금 어디에 있는지는 알아낼 수가 없었다.

"그런데 필립한테 편지는 썼어?"

은채는 라디오에서 흘러나오는 누군가의 지루한 연설을 듣다 말고 문득 물었다. 릴리벳은 고개를 저었다.

"잘 안 써져. 루이가 돌아오면 그때 쓸래."

신문을 읽던 릴리벳은 고개도 들지 않고 말했다. 은채는 그런 릴리벳을 보며 괜히 매점 바닥을 툭툭 찼다.

"공주님, 여기 있어요?"

바로 그때였다. 릴리벳과 함께 우편물을 담당하는 소녀 한 명이 매점 안으로 헐레벌떡 뛰어들었다. 얼마나 달려왔는지 주근깨 가득한 소녀의 얼굴은 홍당무처럼 새빨갛게 물들어 있었다.

"왜? 무슨 일 있어?"

릴리벳은 그제야 고개를 들어 소녀를 바라보았다. 소녀는 대답 대신 울먹이는 표정으로 릴리벳과 은채를 번갈아 쳐다보았다.

"그게, 그러니까……."

소녀의 말이 끝나기도 전에 은채는 온몸의 힘이 빠지는 무력감을 느꼈다. 다리에 힘이 풀려 후들거리고 손에 들고 있던 통조림은 바닥으로 떨어졌다.

투욱.

"폴란드로 갔던 전투기들이 모두 추락했대요. 전부 다. 루이의 비행기도 떨어졌대요."

소녀는 울듯이 속삭였다. 하지만 은채는 소녀의 말을 끝까지 듣지 못했다. 눈앞이 하얗게 변하는 것과 동시에 은채의 몸이 바닥으로 허물어져 내렸다.

"은채야! 은채야, 정신 차려!"

아득히 멀어지는 의식 속에서 릴리벳의 다급한 목소리가 어렴풋이 들려왔다.

은채가 다시 눈을 떴을 때 창밖은 이미 어둑어둑해지고 있었다.
"루이!"
은채는 벌떡 일어나 앉으려다가 작은 비명을 지르며 벌렁 침대 위로 쓰러졌다. 머리가 깨질 듯 아팠기 때문이었다.
"아으. 왜 이래? 그리고 여긴 또 어디야?"
주변을 둘러본 은채는 이곳이 군대 안에 있는 병원임을 알아챘다. 새하얀 시트가 깔린 침대와 침대 사이마다 세워진 칸막이, 코를 찌르는 약품 냄새를 맡으며 은채는 자신이 매점에서 기절했었다는 사실을 떠올렸다.
"일어났어?"
그때, 병실 문이 열리며 릴리벳이 들어왔다. 그녀의 얼굴을 보자 은채의 눈에 왈칵 눈물이 고였다.
"릴리벳, 루이는……."
"루이는 무사해."
은채는 마치 찬물을 뒤집어 쓴 듯 눈을 동그랗게 뜨며 벌떡 일어났다.
"뭐? 하지만 루이의 비행기는 추락했다고 했잖아?"
"비행기가 추락하기 직전에 탈출했다나 봐. 운 좋게도 머리랑 다리를 조금 다쳤을 뿐 멀쩡하대."
"다행이다. 정말 다행이다."

은채는 가슴을 쓸어내리며 침대 위에 풀썩 주저앉았다. 그런 은채를 보며 릴리벳이 빙긋 웃었다.

"더 반가운 소식을 전해 주자면, 지금 영국으로 오는 중이야."

"정말?"

"응. 수송기에 탄 부상자 명단을 슬쩍 봤거든. 내일 새벽이면 런던 병원에 도착할 거야."

은채는 환한 미소를 숨길 수가 없었다. 그리고는 뭔가를 깨달은 듯 벌떡 일어나며 외쳤다.

"으악! 지금 이럴 때가 아니잖아."

"왜 그래? 너 아직 누워 있어야 해."

릴리벳은 갑자기 침대에서 뛰어내리다가 휘청거리는 은채의 어깨를 급히 잡았다.

"하지만 루이가 내일 런던에 온다며? 막차 끊기기 전에 런던에 돌아가야 한단 말이야."

은채의 말에 릴리벳은 피식 미소를 지었다.

"그런 거라면 걱정하지 마. 내가 내일 해 뜨자마자 직접 런던에 데려다 줄게."

"정말? 하지만 넌 운전 못 하잖아?"

"얘가 무슨 소리야? 나 면허증 있어. 그리고 벌써 차까지 구해 놨다고."

"정말?"

"당연하지. 그러니까 넌 아무 걱정하지 말고 푹 자."

릴리벳에게 몇 번이나 약속을 받은 뒤에야 은채는 잠들 수 있었다.

릴리벳은 잠이 든 은채의 목까지 이불을 덮어주었다.

"이렇게 기절하듯 잠이 들 거면서 런던엔 어떻게 가겠다고. 루이보다 네 상태가 더 심각하겠다."

릴리벳은 한참이나 은채의 머리맡을 지키다가 조용히 병동을 나섰다. 밤하늘에는 며칠 전처럼 별이 가득했다. 릴리벳은 문득 아직 필립에게 편지를 쓰지 않았다는 사실을 기억해냈다. 어쩐지 오늘밤이라면 그에게 할 말이 많을 것만 같았다.

다음 날 일찍, 릴리벳과 은채는 투박한 군용 트럭을 타고 런던으로 향했다.

"으아아악! 릴리벳, 속도 좀 줄여. 그리고 빨간 불에는 좀 서!"

"어? 빨간 불이었어?"

"너, 신호도 안 보냐? 면허증 있는 거 맞아?"

"미안. 내가 초보라서…… 여기서 좌회전이던가?"

"공주님! 표지판 좀 보라고! 우회전! 우회전!"

릴리벳은 정말 운전을 할 줄 알았다. 하지만 면허증을 딴 지 얼마 되지 않은 그녀의 운전 실력은 옆자리에 앉은 은채를 경악하게 할 만한 것이었다. 다른 차들이 혼비백산 피해 가는 건 기본이었고, 몇 번이나 가로수를 향해 돌진하고는 했던 것이다. 물론 마지막 순간에는 제 차선으로 돌아오긴 해서 기적적으로 사고는 나지 않았다. 런던 시내가 보이자 그제야 은채는 손에 쥐가 나도록 꽉 붙들고 있던 안전벨트를 손에서 놓을 수 있었다.

며칠 만에 돌아온 런던은 여전했다. 하늘 가득 깔린 구름때문에 조금 어두워 보이긴 하지만 거리를 오가는 사람들의 표정은 평온했고, 상점도 모두 열려 있었다. 배급을 받기 위해 줄을 선 사람들은 신문을 보며 이야기꽃을 피웠고, 가끔씩 릴리벳을 알아보고 손을 흔드는 사람도 있었다.

병원은 버킹엄 궁전에서 조금 떨어진 노팅힐 거리에 있었다. 릴리벳은 한산한 거리를 조심조심 달렸다.

전투기가 날아든 것은 바로 그 순간이었다. 엄청난 엔진 소리에 사람들은 깜짝 놀라 머리 위를 쳐다보았다. 가끔씩 한두 대의 전투기가 훈련 때문에 런던 상공을 지나간 적은 있지만 수십 대의 전투기가 편대를 이루어 날아온 적은 한 번도 없었기 때문이었다. 전투기들은 아주 낮게 날고 있었다. 비행기에 그려진 무늬가 다 보일 정도였다.

은채도 깜짝 놀라 위를 쳐다보았다. 그리고 비명을 질렀다. 전투기의 날개에 선명하게 그려진 것은 끝이 구부러진 하켄크로이츠였기 때문이었다.

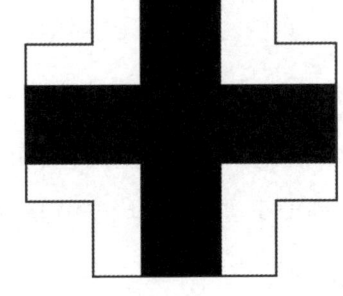

"릴리벳! 저거 독일의 전투기야!"

"말도 안 돼!"

은채만큼이나 릴리벳도 놀랐다. 하지만 급히 차를 세우거나 도망칠 생각은 하지 않았다. 사람들 역시 놀란 얼굴로 하늘만 쳐다볼 뿐, 별다른 행동을 취하지는 않았다. 런던은 폭격 금지 구역이었기 때문이었다. 그리고 다음 순간, 높은 휘파람 소리와 함께 폭탄이 떨어졌다.

콰아아앙-!

한순간 엄청난 폭음이 런던을 뒤흔들었다. 전투기 수십 대가 떨어뜨린 수많은 폭탄에 런던은 지진이라도 난 듯 뒤흔들렸다. 거리를 걷던 사람들은 비명을 지르며 대피소로 뛰어 들었다. 미처 피하지 못한 사람들은 피를 흘리며 골목으로 숨어들었다. 협정이 깨어진 것이다.

끼이익!

"꺄아악!"

건물이 부서지고 가로등이 전기를 튀며 넘어지자 릴리벳은 비명을 지르며 핸들을 급히 틀었다. 폭탄에 맞은 건물들의 파편이 사방으로 날렸다. 깨진 돌무더기에서는 안개처럼 뿌연 흙먼지가 피어올랐다. 릴리벳은 이를 악물고 차를 몰았다.

"은채야, 미안! 병원은 나중에 가야겠어."

"당연하지. 일단 궁전으로 가자!"

은채도 고개를 끄덕였다. 버킹엄 궁전에는 왕과 왕비 그리고 어린 마거릿 공주와 늙은 유모밖에 없기 때문이었다.

안전벨트를 다시 단단히 고쳐 매며 은채는 창밖을 내다보았다. 단 한 번의 폭격으로 런던은 지옥으로 변해 있었다. 공포가 은채의 심장을 짓눌렀다.

버킹엄 궁전도 폭격의 피해를 입은 상태였다. 아니, 런던에서 가장 큰 궁전이야말로 폭격하기 가장 손쉬운 목표였을지도 몰랐다. 아름다운 정원은 군데군데 움푹 파였고, 새하얀 궁전의 외벽에는 보기 흉

한 그을음이 묻어 있었다. 종탑은 무너져 내렸으며 릴리벳이 애써 키운 채소밭은 엉망진창으로 뒤집어져 있었다.

"엄마! 아빠!"

잔디밭에 아무렇게나 차를 세운 릴리벳은 궁전 안으로 뛰어들어갔다. 건물 안쪽도 폭격의 피해가 있었다. 천장에 매달린 샹들리에는 대리석 바닥에 떨어져 산산조각이 나 있었고, 잘 정돈된 응접실의 가구들은 마치 거인이 한바탕 난동을 부린 듯 아무렇게나 굴러다녔다. 2층으로 올라가는 계단 중간에는 굵직한 기둥이 쓰러져 있었다.

"마거릿! 모두 무사한 거야?"

"유모! 유모 할머니! 어디 계세요?"

릴리벳과 은채는 먼지 가득한 궁전 안을 여기저기 뛰어다니며 소리를 질렀다.

콰아아앙!

바로 그때 또 다시 폭탄이 날아들었다. 버킹엄 궁전이 통째로 무너질 듯 흔들리자 은채와 릴리벳은 서로를 부둥켜안으며 비명을 질렀다.

쿠우웅!

"꺄아아악!"

그리고 바로 그 순간, 아슬아슬하게 버티고 서 있던 굵은 기둥이 두 소녀의 머리 위로 무너져 내렸다.

저벅.

흙먼지가 가라앉자 누군가 발소리를 내며 은채와 릴리벳이 쓰러진 곳으로 다가왔다. 똑같은 군복에 모자를 쓰고 똑같이 머리를 길게 기른 두 소녀는 마치 쌍둥이처럼 돌무더기 사이에 쓰러져 있었다. 잠시 그들을 내려다보던 그는 문득 팔을 뻗어 둘 중 한 사람을 안아들었다.

"언니, 죽지 마. 흑흑……."

릴리벳은 마거릿의 울먹이는 소리를 들으며 의식을 되찾았다. 눈을 뜨자 눈물로 얼룩진 마거릿의 얼굴과 역시나 손수건으로 눈물을 닦는 유모 그리고 걱정 가득한 얼굴로 자신을 내려다보는 왕비의 얼굴이 보였다.

"릴리벳, 깨어났구나. 정말 다행이다."

왕비는 릴리벳을 와락 부둥켜안고 눈물부터 흘렸다. 언제나 강한 모습만을 보이던 왕비의 눈물에 릴리벳도 덩달아 눈물이 쏟아질 것만 같았다.

"엄마, 그만 울어요. 난 괜찮아요."

"괜찮긴요. 공주님 바로 옆으로 쓰러진 그 기둥이 얼마나 굵었는데요? 1톤은 나갔을 거라고요. 파편에 이마만 슬쩍 스친 건 정말 신께서 도우신 거예요."

유모는 릴리벳의 말에 펄쩍 뛰며 말했다. 릴리벳은 그녀의 말에 이마를 만져 보았다. 정말로 붕대가 두툼하게 감겨 있었다. 이마뿐만 아니라 무릎과 팔꿈치에도 큼직한 반창고가 붙어 있었다.

몸 여기저기를 살피던 릴리벳은 문득 은채가 보이지 않는다는 사실을 깨달았다.

"유모 말대로 이 정도 다친 게 천만다행이네. 그런데 은채는 어딨어? 혹시 많이 다쳐서 병원에 갔어?"

마거릿은 고개를 저었다.

"은채 언니? 못 봤는데?"

"무슨 소리야. 나랑 같이 궁전에 왔는데."

왕비는 고개를 흔들었다.

"아니야. 우리가 널 발견했을 때 너만 1층에 쓰러져 있었어. 은채는 없었단다."

릴리벳은 문득 불안한 생각이 들었다. 분명 의식을 잃기 직전, 누군가의 발소리를 들었기 때문이었다. 릴리벳은 이불을 박차고 일어났다.

"공주님, 어딜 가세요, 그 몸으로……."

릴리벳은 만류하는 유모의 손을 뿌리치고 계단을 뛰어 내려갔다. 그리고 정신을 잃었던 바로 그 장소로 달려갔다. 유모의 말대로 그곳에는 커다란 기둥이 몇 조각으로 부서져 나뒹굴고 있었다. 그리고 그 사이로 찢어진 군복 조각과 주인을 잃은 모자 하나가 떨어져 있었다. 릴리벳은 떨리는 손으로 모자를 집어 들었다. 모자에는 구호품 지원 부대의 마크와 함께 은채의 이름이 선명하게 수놓아져 있었다.

"은채가…… 납치되었어."

조금 전 폭격을 당했을 때보다 더 큰 충격이 릴리벳의 머릿속을 뒤흔들었다. 눈앞이 깜깜해지는 현기증에 릴리벳은 금방이라도 넘어질 듯 휘청거렸다.

간신히 벽을 짚고 선 그녀의 귀에 귀청을 찢을 듯한 폭음이 이어졌다. 독일의 런던 폭격은 아직 끝나지 않았던 것이다. 릴리벳은 깨진 유리창 너머로 사방에서 치솟는 검은 연기와 불꽃을 멍한 눈으로 쳐다보았다. 전쟁의 그림자가 마침내 런던까지 드리워진 것이다.
"신이여……."

시간이 지날수록 상황은 점점 더 나빠졌다. 폭격은 런던의 모든 것을 마비시켰다. 수도와 가스가 끊기고 사람들은 부랴부랴 짐을 싸 들고 런던을 빠져나갔다. 건물은 버려졌으며 가게마다 식료품을 구하기 위해 몰려든 사람들로 도시 전체가 혼란에 빠졌다.
국회는 이런 상황을 해결하기 위해 런던 시내에 군인들을 투입했으며, 폭격에 대비하기 위해 건물마다 모래주머니가 산처럼 쌓였다. 탱크와 장갑차가 텅 빈 거리를 질주했다. 혼란은 가라앉았지만 그 대신

도시는 회색빛으로 변해갔다.

　왕실도 암울하긴 마찬가지였다. 영국 전역을 순회하며 병사들을 위로하던 왕이 갑자기 쓰러진 것이다. 단순한 스트레스에 과로 때문일 것이라는 예상과 달리 그의 병명은 암이었다. 그것도 당장에 수술을 해야만 할 정도로 위중했다.

　왕의 병이 알려지자 왕실은 발칵 뒤집혔다. 왕비는 사랑하는 남편의 병간호를 하기 위해 대뜸 짐을 싸 들고 병원으로 달려가 버렸다. 혼수상태에 빠진 왕과 왕비가 자리를 비우자 자연히 왕실의 주인 역할은 왕위계승서열 1위인 릴리벳에게 돌아왔다.

　"릴리벳, 넌 잘할 거야. 언제나 여왕이 되기 위해 준비해 왔잖아. 이제 그 때가 된 것뿐이야."

　릴리벳은 왕비의 말에 고개를 끄덕이고는 숨을 깊이 들이쉬었다. 그녀의 말대로 릴리벳은 준비된 여왕이었다. 단지 그 시기가 나쁜 것뿐이었다.

　아버지의 대리인이 된 릴리벳이 가장 먼저 달려가야 할 곳은 국회였다. 템스 강변에 세워진 국회의사당은 무려 700년 전에 지어진 고풍스러운 건물로, 런던의 대표적인 명물인 거대한 시계탑 빅벤과 더불어 뾰족한 첨탑이 인상적인 건축물이었다.

　건물 안에는 이미 많은 수의 상, 하원 의원들이 모여 있었다. 릴리벳이 들어서자 의원들은 작은 목소리로 왕의 쾌유를 빌어 주었다.

　릴리벳이 자리에 앉자마자 회의는 곧바로 시작되었다. 가장 먼저 처칠 총리가 벌떡 일어났다. 가뜩이나 호전적인 그는 런던을 폭격한 히틀러를 맹비난하며 즉각적이고도 처절한 응징을 부르짖었다. 그의 의견에 감히 반대하는 의원은 없었다. 누군가 조심스럽게 물었다.

"전면적 응징이라니 어떤……."

"당연히 베를린을 폭격해야지요! 그 뻔뻔한 히틀러에게 영국의 저력을 보여야 해요!"

처칠은 거의 불을 뿜듯이 열정적으로 소리쳤다. 그에게 총이라도 한 자루 쥐어 주면 당장에 독일로 달려갈 기세였다. 그의 연설이 끝나자 국회 안은 한동안 소란스러워졌다. 처칠을 비롯한 강경파는 당장 히틀러를 끌고 와야 한다고 외쳤고, 온건파는 대책 없는 선동이라며 비난의 목소리를 높였다.

성난 의원들의 고함 소리에 릴리벳은 머리가 다 지끈거렸다. 하지만 그녀는 지끈거리는 머리를 꾹꾹 눌러가며 두 쪽의 목소리에 귀를 기울였다. 왕실은 상징적이기는 하지만 영국 군대의 통솔권자였다. 폭격을 하게 되든 그렇지 않든 그녀는 모든 것을 알고 있어야 할 의무가 있는 것이다.

'은채는 대체 어디 있는 걸까?'

의원들의 고성이 오가는 사이 릴리벳은 은채의 얼굴을 떠올렸다.

같은 시간, 은채는 컴컴한 자루를 거꾸로 뒤집어 쓴 채 어디론가 끌려가고 있었다.

"으읍! 끄으읍!"

있는 힘껏 비명을 질러 보았지만 끈으로 질끈 묶인 입에서 나오는 것은 미약한 신음소리가 전부였다. 굵은 밧줄에 묶인 팔목은 까져서 쓰라렸고, 물 한 모금 마시지 못해서 입 안은 갈증으로 타 들어갔다.

하지만 무엇보다 두려운 것은 도무지 자기가 잡힌 이유를 모르겠다는 사실이었다.

"내려."

덜컹거리는 차가 멈추는가 싶더니 누군가 은채의 팔목을 강하게 움켜잡았다. 벌써 세 번째였다. 첫 번째는 좁은 상자에 갇혀 있었고, 두 번째는 불편한 트럭 바닥에 누워서 끌려 왔으며, 세 번째는 까끌거리는 지푸라기가 가득한 마차에 실려 울퉁불퉁한 산길을 달려온 은채였다.

은채는 비틀거리며 누군가 잡아끄는 대로 걸었다. 흙바닥을 지나 아스팔트 바닥을 한참이나 걷던 은채는 덜컹거리는 철판으로 만든 계단을 올랐다. 그곳은 차도 아니고 창고도 아닌 이상한 곳이었다.

은채가 올라타자 곧이어 귀청을 찢을 듯한 엔진 소리가 들려왔다. 동시에 바닥이 춤을 추듯 요란하게 떨려왔다. 그제야 은채는 자기가 어디에 있는지 깨달았다.

'비행기! 나 지금 비행기에 탔어!'

은채의 말대로 그곳은 비행기였다. 비행기는 빠르게 달리는가 싶더니 한순간에 고도를 높였다. 은채는 안전벨트에 매달린 채 소리 없이 절규했다.

'으아아악! 대체 이 사람들 누구야? 날 어디로 데려가는 거야?'

비행기는 한참동안 상승하더니 곧이어 곧바로 날기 시작했다. 비행기가 안정적으로 날자 은채 주변에 앉아 있던 사람들도 이리저리 움직이며 두런두런 이야기를 나누기 시작했다. 하지만 그들이 사용하는 것은 영어가 아니었다. 영어보다 더 딱딱한 억양은 은채가 단 한 번도 들어본 적이 없는 나라의 말이었다. 하지만 그래도 간간히 알아들을 수 있는 단어가 불쑥 튀어나왔다.

'뭐라는 거야? 버킹엄 궁전이랑 또 킹? 그건 왕이란 뜻이고…… 엘리자베스? 릴리벳? 그리고 뭐? 히틀러?'

은채의 머릿속이 순식간에 하얗게 물들었다. 대화 내용은 알아들을 수 없었지만 그들이 독일 사람들이라는 것만은 분명했다. 하나둘 의문이 풀려갈 수록 오히려 궁금한 것이 더 많아져만 갔다.

'아니, 왜 날 잡아가는 거냐고!'

궁금증은 곧 풀렸다. 누군가 다가오는 발소리가 나더니 머리에 씌워진 두건이 획 벗겨졌던 것이다. 줄곧 새까만 자루를 뒤집어쓰고 있던 은채는 비행기의 작은 창으로 쏟아져 들어오는 빛에 두 눈을 질끈 감으며 고개를 푹 숙였다.

"윽, 눈부셔."

"공주님, 고생 많으셨습니다. 이제부턴 편히 모시도록 하죠."

누군가 은채에게 말을 걸어왔다. 묘하게도 귀에 익은 목소리였다. 아니, 귀에 익은 정도가 아니라 꿈에서도 그리던 바로 그 목소리였다. 은채는 믿을 수 없다는 얼굴로 천천히 고개를 들었다.

"설마, 루이?"

은채의 앞에 선 사람은 정말로 루이였다. 하지만 그의 복장은 헤어질 때와는 많이 달랐다. 무릎까지 올라오는 장화에 위로 갈수록 부풀어 오르는 바지, 목 위까지 깃을 세운 제복, 나치 표시가 선명한 모자는 한눈에 보아도 독일의 군복이었다.

"너 옷이 왜 이래? 설마 너 독일 군인이었어?"

놀란 사람은 은채만이 아니었다. 루이 역시 놀란 듯 대답 대신 큰 소리로 되물었다.

"네가 왜 여기 있어?"

은채가 버럭 소리쳤다.

"야, 너희들이 잡아 왔으면서 그걸 왜 나한테 물어?"

"그러니까 네가 왜 잡혀 왔냐고? 릴리벳 공주는 어디 갔어?"

"릴리벳이야 당연히 궁전에……."

말을 하다 말고 은채는 숨을 들이켰다.

"그럼 릴리벳 공주를 납치하려던 거였어?"

"당연하지. 널 데려다 어디다 써?"

루이는 싸늘하게 외치고는 옆에 서 있던 부하를 죽일 듯 노려보았다.

"저 꼬맹이가 공주냐? 응?"

머리카락이 거의 하얀색처럼 보이는 옅은 금발의 병사는 식은땀을 뻘뻘 흘리며 변명을 했다.

"죄송합니다. 버킹엄 궁전 안에 두 사람이 쓰러져 있었는데 둘 다 군복도 같고, 키며 머리카락도 비슷해서……."

"그래도 헷갈릴 걸 헷갈려야지. 저게 어딜 봐서 공주 얼굴이야?"

루이의 거듭되는 고함에 어린 병사는 얼음처럼 창백하게 변했다.

"죄송합니다. 그때 폭격으로 둘 다 먼지투성이가 되어서 미처 확인

을 못 했습니다. 게다가 그때 바로 왕비가 오는 바람에…… 으윽! 죄송합니다!"

루이는 주절주절 변명을 늘어놓는 병사의 발을 힘껏 밟았다. 병사는 비명도 지르지 못하고 눈물만 찔끔 흘렸다. 은채는 은채대로 화가 잔뜩 났다.

'아니, 내 얼굴이 어디가 어때서? 릴리벳이나 나나 꽃다운 십대 얼굴이 거기서 거기지. 그리고 솔직히 그 농부 공주보다는 내가 더 보석에 어울리는 비주얼 아니야? 비록 꼬질꼬질한 군복을 입고 있지만 이 고은채야말로 자타가 공인하는 패션리더인데 말이지.'

하지만 은채의 생각은 더 이상 이어지지 않았다.

"일단 잡아 왔으니 최대한 써 먹을 방법을 찾아봐야지. 공주가 저 애와 친한 것 같으니까 죽인다고 협박하면 그냥 보고만 있진 않겠지."

은채를 내려다보는 루이는 예전에 알던 사람과 전혀 달랐다. 싸늘한 눈빛과 딱딱한 억양의 독일어는 그를 완전히 악당처럼 보이게 만들었다. 은채는 문득 이번만큼은 그가 정말 악당일지도 모른다는 생각이 들었다. 자신과 릴리벳을 죽일 수도 있을 만큼 지독한 악당. 은채의 가슴은 커다란 돌을 올려놓은 듯 답답해졌다.

런던은 여전히 혼란스러웠다. 의회에서의 싸움은 끝날 줄을 몰랐고, 자고 일어나면 무슨 내용인지 알 수도 없는 복잡한 서류들이 산처럼 쌓였다. 아버지를 대신하여 왕의 대리인이 된 릴리벳에게는 여왕이 된다는 것이 단지 왕실의 상징인 왕관을 쓰는 것일뿐 아니라 수 없이 많은 업무의 연속이라는 사실을 알아가는 시간이었다. 참여해야 할 행사는 하루에도 십여 개나 됐고, 만나야 하는 사람은 수십 명에 달했다. 홍차를 수십 잔 마시며 억지웃음을 짓는 바람에 입가에 경련이 일 정도였다.

그래도 기쁜 소식도 있었다. 혼수상태였던 왕이 기적적으로 깨어난 것이다. 하지만 한 번 앓고 난 왕은 더 이상 예전의 그가 아니었다. 쇠약해진 그는 깨어난 뒤로 말을 더듬게 되었다. 움직임도 자유롭지 못하여 보호자 없이는 병실 밖으로 한 발도 나오지 못했다. 전쟁 중에 병원에 묶인 왕은 더 이상 그 의미가 없었으므로 영국 사람들은 릴리벳을 다음 여왕으로 자연스럽게 받아들였다.

하지만 릴리벳은 아버지가 깨어났다는 소식을 듣자마자 군복으로 갈아입었다.

"아이고, 공주님. 밖은 위험하다니까요. 이러다가 공주님마저 다치시면 어쩌시려고요. 공주님께 무슨 일이 생기면 어리신 마거릿 공주님이 왕관을 써야 한다니까요."

유모는 릴리벳의 소맷자락을 붙들고 늘어졌다. 병원과 궁전을 오가던 왕비도 반대의 뜻을 보였다.

"그건 유모 말이 맞아."

하지만 왕비도 릴리벳의 뜻을 꺾을 수는 없었다.

"엄마가 계신 동안만이라도 저 무시무시한 서류들에서 벗어나고 싶어요. 뒷일을 부탁해요."

릴리벳은 다시 구호품 전달 서비스를 시작했다. 하지만 이번엔 부대가 아니라 런던 시내를 돌아다녀야 했다. 폭격으로 런던 역시 위험 지역에 포함되었던 것이다. 그녀가 운전하는 트럭 짐칸에는 커다란 우편물과 총알이나 폭탄 같은 무기가 가득했다. 위태위태했던 운전 실력은 금세 훌쩍 늘어 이제는 거리 가득한 건물 파편을 이리저리 잘 피해 다녔다.

 폭격 이후 런던 시내는 군사 지역으로 바뀌었다. 건물 옥상마다 대공포가 설치되었고 모퉁이마다 탱크가 자리를 잡고 있었다. 릴리벳의 트럭은 그들 사이를 솜씨 좋게 지나갔다.

 "수고하세요."

 "공주님도요. 폭격 조심하시고요. 요즘 독일 폭격기가 이틀이 멀다 하고 날아오잖아요."

맨 처음 릴리벳을 보고 기절할 듯 놀라던 병사들은 이제는 여유 있게 인사를 할 정도로 편안한 친구가 되었다. 병사들뿐만 아니라 일반 시민들 역시 폭탄을 가득 싣고 거리를 질주하는 릴리벳에게 인사를 건넸다.

"공주님, 오늘은 어디로 가세요?"

"작전 본부 쪽에 보급 가요."

"공주님, 완전 멋있어요. 나도 커서 군인 될래요."

독일 전투기의 폭격은 날이 갈수록 심해지고 있었다. 언제 날아올지 모를 전투기에 대한 공포와 강제적인 배급제의 실시로 런던 사람들의 공포와 불만은 극으로 치닫고 있었다.

그런 사람들에게 기운차게 런던 시내를 질주하는 릴리벳은 큰 위로가 되었다. 폭탄이 날아다니는 거리를 겁도 없이 내달리는 릴리벳의 모습은 어쩌면 전쟁에서 패배할지도 모른다는 불안감을 조금은 희석시켜 주었다.

"헉! 고, 공주님!"

마침내 목적지인 본부에 도착하자 나이 어린 병사가 안절부절못하며 꾸벅 인사를 했다. 릴리벳은 주근깨가 가득한 병사를 보며 키득키득 웃었다.

"너 새로 왔구나. 날 보고 놀라는 걸 보면."

"예?"

"이거 봐. 나 지금 군복 입고 있잖아. 군번 230873. 윈저 소위. 그게 바로 지금의 나라고. 공주가 아니라."

"예? 예에……."

병사가 얼빠진 얼굴로 고개를 끄덕일 때였다. 누군가 릴리벳의 어깨를 톡톡 두드렸다. 무심코 뒤를 돌아본 릴리벳은 등 뒤에 선 사람을 보며 환하게 웃었다.

"필립!"

새하얀 제복을 입은 그는 필립이었다. 필립은 그녀의 먼지 쌓인 군복과 어깨에 붙은 소위 계급장 그리고 낡은 트럭을 번갈아 보며 피식 웃었다.

"신문으로 보긴 했지만 정말 공주님이 이렇게 돌아다니고 있을 줄은 몰랐는데?"

"신문에 났어? 내 얘기가?"

"몰랐어? 전선을 누비는 릴리벳 공주는 거의 매일 1면에 나올 정도로 특종이라고."

필립은 환하게 웃다가 문득 장난스럽게 눈을 반짝거렸다.

"흐음, 그런데 이걸 어떻게 해야 하나? 나는 대위고 공주는 소위니까 경례를 받아야 하나, 아님 공주님은 대영제국의 군 통솔권자시니 내가 경례를 해야 하나?"

필립의 장난스러운 고민에 릴리벳은 오랜만에 깔깔거리며 크게 웃었다.

"호호호호! 뭘 그런 걸 고민해. 우리 동시에 경례하지 뭐. 아니면 둘 다 안 하거나."

필립도 릴리벳과 함께 한참동안 유쾌하게 웃었다. 하지만 웃음을 그친 뒤 그의 표정은 더없이 심각하게 변했다.

"할 말이 있어. 루이와 은채에 대한 거야."

머뭇거리며 필립이 내놓은 것은 기름 얼룩이 군데군데 묻은 군복 겉옷이었다. 릴리벳은 깜짝 놀라 필립의 손에서 군복을 받아들었다. 새까만 기름 얼룩 사이로 보이는 자수는 다름 아닌 은채의 이름이었다.

"이걸 어디서 찾았어?"

릴리벳의 다급한 질문에도 필립은 망설이듯 입술을 깨물었다. 릴리벳은 입안이 바싹바싹 말랐다.

"필리포스 바텐베르크 대위! 차기 여왕으로서 명령이에요. 아니, 친구로서 부탁하는 거야. 이 옷을 어디서 찾은 거지?"

필립은 릴리벳의 간절한 눈빛에 머뭇거리며 대답했다.

"크레타 섬 부근의 독일 비행장에서 잡은 포로의 짐에 섞여 있었어."

"독일 포로? 그가 왜 은채의 군복을 가지고 있었지?"

"그게, 은채는 아무래도 독일군에 납치된 것 같아."

"불가능해! 은채는 나와 런던, 그것도 버킹엄 궁전에 있었어. 독일 군인들이 절대 들어올 수 없는 곳이라고."

"궁전에 들어올 수 있는 사람이 가담했을 수도 있어. 특히 우리 모두 아는 사람이라면 아무 의심도 받지 않았겠지."

"아는 사람? 그게 누군데?"

필립은 다시 한 번 머뭇거리다가 내뱉듯 말했다.

"루이."

릴리벳은 자신의 귀를 믿을 수 없었다. 충격을 받은 듯 눈을 커다랗게 뜨는 릴리벳에게 필립은 다시 한 번 말했다.

"루이가 은채를 납치했어. 그 독일 포로의 말에 따르면 루이는 오래전에 영국에 잠입한 스파이였대. 우리의 환심을 사서 결정적인 순간에 너를 납치하기 위해. 그런데 마지막 순간 너 대신 은채가 잡혀간 거지."

"은채가 나 대신 독일에 끌려갔다고? 그것도 루이가 직접 데려갔다고? 믿을 수 없어."

"하지만 그게 사실이야. 나도 몇 번이나 확인했어."

릴리벳은 눈앞이 깜깜해지고 현기증이 일었다. 루이에 대한 배신감과 은채에 대한 걱정으로 머릿속이 터질 것만 같았다.

"그래서 지금 은채는 어디 있다는 거야?"

릴리벳은 간신히 기력을 짜내 물었다. 필립은 고개를 저었다.

"그건 아직 알아내지 못했어."

루이의 두 얼굴

이리저리 흔들리는 수송기를 타고 은채가 끌려온 곳은 도심 한가운데 위치한 비행장이었다. 그곳에서 루이는 은채를 다시 트럭에 태우고 한참이나 달렸다.

몸도 마음도 지친 은채는 반항할 생각도 하지 못한 채 멍한 눈으로 창밖을 내다보았다. 길 한쪽으로는 검푸른 강물이 흘렀고, 거리에는 장중하면서도 음울한 붉은 벽돌 건물들이 즐비하게 서 있었다. 런던과 마찬가지로 탱크와 장갑차가 일정한 간격으로 서 있었고, 건물 입구마다 모래주머니를 쌓아 만든 참호가 보였다. 은채는 문득 이곳이 어딘지 궁금해졌다.

그리고 그런 은채의 눈에 특이한 건축물 하나가 보였다. 화약과 그을음에 새까맣게 물든 벽과 오랜 세월을 간직한 듯 녹색으로 부식된 둥근 지붕, 군데군데 서 있는 청동 조각상. 빛바랜 듯 초라해 보이지만 몇 백 년의 세월을 품은 장중함을 동시에 뿜어내는 그 아름다운 건물을 보는 순간 은채는 비명처럼 외쳤다.

"저거 혹시 베를린 대성당?"

"맞아. 대성당을 알아보는군."

"그럼 여기가 베를린이란 말이야? 독일의 심장부?"

루이는 묵묵히 고개를 끄덕였다. 은채는 입을 쩍 벌렸다.

"날 끌고 독일의 심장부까지 들어왔다고? 나 참. 너무 기가 막혀서 이제 화도 안 난다."

은채는 홱 고개를 창밖으로 다시 고개를 돌렸다. 차오르는 눈물 때문에 차창 밖 풍경이 물에 번진 그림처럼 뿌옇게 변해갔다.

운전대를 잡은 루이는 무슨 할 말이 있는 듯 입술을 달싹였다. 하지만 그의 입 밖으로 새어나온 것은 무거운 한숨뿐이었다. 할 말을 하지 못하는 대신 그는 그저 운전대를 꽉 움켜쥘 뿐이었다.

끼이익!

마침내 트럭이 멈춘 곳은 베를린 시내에서 약간 벗어난 곳에 위치한 수도원이었다. 제법 넓은 포도밭 한가운데 우뚝 선 수도원은 커다란 화강암 위에 세월이라는 무게를 덧입어 투박하면서도 진중한 멋을 품고 있었다.

트럭이 멈춰 서자 건물 안에서 한 무리의 독일 병사들이 우르르 쏟아져 나왔다. 그들은 차에서 내리는 루이에게 절도 있게 한쪽 팔을 들어 경례를 올렸다. 그리고는 그의 어깨에 훈장이 주렁주렁 매달린 겉옷을 걸쳐 주었다.

뒤이어 트럭에서 내린 은채는 병사들과 루이의 군복을 보며 다시 한 번 놀라지 않을 수 없었다. 그들의 어깨에는 번개모양을 본 따 만든 SS마크가, 모자 한 가운데는 해골 모양의 배지가 붙어 있었다. 그 두 가지는 바로 히틀러의 악명 높은 친위대의 상징이었다. 은채는 믿어지지 않는다는 눈으로 루이를 쳐다보았다.

"그냥 독일군이 아니라 친위대야?"

루이는 대답 대신 은채의 팔을 비틀어 잡았다. 그리고는 거칠게 건물 안으로 끌고 들어갔다.

"공주 대신 잡혀왔지만 넌 공주가 아니야. 얌전히 있지 않으면 죽을 수도 있어."

쾅!

루이에게 떠밀려 어둡고 차가운 방 안으로 들어선 은채는 화난 얼굴로 뒤돌아섰다. 그리고 무표정하게 문간에 선 루이에게 쏘아붙였다.

"나쁜 놈인 줄 알았지만 설마 친위대라니…… 넌 진짜 최악이야."

"그걸 알면 이제 제발 좀 얌전히 있어."

"야! 내가 얌전히 있게 생겼어? 대체 왜 날 여기까지 데려온 거야?"

은채가 고래고래 소리를 지르자 루이는 참고 참았던 한숨을 푹푹 내쉬었다.

"그러니까 실수라고 하잖아. 원래 내 계획은 너 말고 릴리벳 공주를 데려오는 거였다니까."

"우와, 이 나쁜……! 그걸 말이라고 하냐? 당장 눈앞에서 사라져!"

은채는 손을 뻗어 침대 위에 놓인 베개를 냅다 집어던졌다. 하지만 루이가 재빨리 문을 닫는 바람에 베개는 루이의 얼굴이 아니라 나무 문에 부딪힌 뒤 힘없이 바닥에 떨어졌다.

"으. 하여튼 얄미운 짓만 골라 한다니까. 괜히 먼지만 묻었네."

은채는 씩씩거리며 베개를 집어 들었다. 그리고 닫힌 문을 향해 버럭 소리쳤다.

"야! 밥 줘, 밥! 하루 종일 끌고 다니면서 한 끼도 안 주냐? 말라비틀어진 빵조각 말고 밥하고 고기 내놔. 김치도!"

문 밖에 서 있던 루이는 기운차다 못해 복도를 쩌렁쩌렁 울리는 은채의 목소리에 숨죽여 웃고 말았다.

"나 참. 저게 어딜 봐서 포로야? 완전 상전이다, 상전. 공주보다 더 까다롭네."

부하들은 처음 보는 루이의 웃음에 놀란 듯 눈을 크게 떴다. 그제야 자신이 실수를 했다는 것을 깨달은 루이는 얼굴을 붉히며 헛기침을 했다.

"흠흠, 포로에게 먹을 걸 가져다 주도록."

"네? 네에."

"많이 먹으니까 좀 잘 챙겨 주고. 아니다. 내가 직접 가져다 주지."

"대장님이 직접이요?"

병사들은 이번에도 놀란 듯 루이의 말을 반복했다. 루이는 또 다시 피식 웃으며 고개를 흔들었다.

"쟤가 얼마나 많이 먹는지 너희들이 몰라서 그래."

루이는 두 볼 가득 먹을 것을 우물거리던 은채를 떠올리며 다시 한 번 미소 지었다. 병사들은 그런 루이의 뒷모습을 보며 작게 수군거렸다.

"대장 기분이 이상하게 좋아 보이지?"

"그러게. 작전은 실패한 거 아니었어? 공주 대신 엉뚱한 애를 잡아 왔다잖아."

"그러니까 좀 이상하다고. 영국에서부터 내내 저 상태였어. 혹시 어디 아픈가?"

그때 은채가 갇힌 방 쪽에서 다시 한 번 고함이 터져 나왔다.

"배고프다니까! 야, 붙잡아 왔으면 책임을 져야 할 거 아니야! 밥 내놓으라고!"

병사들은 흠칫 놀란 듯 펄쩍 뛰어올랐다가 서로의 얼굴을 쳐다보았다. 그리고는 할 말이 없다는 듯 고개를 흔들었다.

"쟤가 누군지는 모르겠지만 담력 하나는 진짜 끝내준다."

"아니면 공주보다 더 대단한 인물이거나."

"아, 몰라. 난 내려가서 보초나 설래."

"먹어. 배 고프다고 난리를 쳤다며."

은채는 루이가 내려놓는 쟁반을 힐끗 쳐다보았다. 금방 구운 빵과 노릇하게 구운 스테이크, 갓 짜낸 우유와 치즈가 먹음직스럽게 담겨 있었다. 한눈에 봐도 포로가 먹기에는 너무 좋은 음식이었다.

"흥! 그런 걸로 내가 화를 풀 줄 알아?"

"화 풀라고 가져온 거 아니거든? 이 정도는 먹여 놔야 밤새 조용할 것 같아서 가져온 거야. 네가 좀 많이 먹냐?"

"으으. 얄미워."

마음 같아서는 빙글빙글 웃는 루이의 얼굴에 냅다 쟁반을 내던지고 싶은 은채였다. 하지만 아까부터 요란하게 천둥소리가 나는 뱃속 사정도 도저히 무시할 수가 없었다.

꼬르륵~

다시 한 번 요란하게 천둥소리가 나자 은채는 헛기침을 하며 쟁반을 끌어당겼다.

"흠흠. 내, 내가 꼭 먹고 싶은 건 아니지만 가져 온 성의를 봐서 먹어 주는 거야."

루이는 손으로 입을 가린 채 큭큭 웃었다.

"누가 뭐라나. 많이 먹으라고."

"나, 나가!"

은채가 붉어진 얼굴로 버럭 소리쳤다.

"꺼윽. 이제야 좀 살겠네. 루이 녀석, 성격은 나빠도 메뉴 선정은 훌륭했어."

루이가 가져 온 수북한 음식들을 바닥까지 모두 먹어치운 은채는 불룩해진 배를 두드리며 일어났다. 그리고 차분히 방 안을 둘러보았다. 침대 하나, 탁자 하나 그리고 등받이가 삐걱거리는 의자 하나가 전부였다.

"수도원이라더니 정말 아무것도 없네."

은채는 문 쪽으로 다가가 손잡이를 슬쩍 돌려 보았다. 당연히 문은 밖에서 단단히 잠겨 있었다. 은채가 마지막으로 살펴본 것은 창문이었다. 창문은 제법 컸고 다행히 잠겨 있지도 않았다.

"휴우, 높다."

창문을 열자 수도원 주변으로 펼쳐진 포도밭과 길 위를 달리는 군용 트럭, 멀리 베를린 시내가 내다보였다. 은채는 잠깐 아래를 내려다보다가 무언가 결심한 듯 주먹을 꽉 쥐었다.

"이 정도 높이면 도망갈 수도 있겠어. 내가 이래봬도 전쟁부터 반란까지 동서양의 온갖 모험을 겪어온 의지의 소녀거든. 절대 얌전히 있어줄 수는 없지."

은채는 2층 창문에서 바닥까지의 거리를 눈으로 대충 훑어본 뒤 침대보를 길게 찢기 시작했다. 길게 찢은 침대보 조각을 이어 단단히 묶자 금세 긴 밧줄이 만들어졌다.

휘이익!

해가 지고 어둠이 깔리자 은채는 길게 묶은 밧줄을 창밖으로 늘어뜨렸다. 그리고 간절히 속삭였다.

"촌스런 메리, 찬바람 쌩쌩 불던 엘리자베타, 무식한 소서노, 살벌한 쭝니…… 모두모두 내게 힘을 줘. 나 진짜 여기서 탈출해야 해."

밤은 순식간에 주변을 집어삼켰다. 은채는 멀리 조명탄이 번쩍번쩍 터지는 것을 보며 숨을 크게 들이쉬었다. 그리고 침대보로 만든 밧줄을 단단히 움켜잡고는 벽을 타고 아래로 내려가기 시작했다.

찌이익.

천이 찢어지는 기분 나쁜 소리는 은채가 절반쯤 내려갔을 때 들려왔다. 은채가 흠칫 놀라 위를 올려보니 창턱 부근에 닿은 침대보가 조금씩 찢어지고 있었다.

"안 돼, 제발……. 으아악!"

은채의 간절한 바람과 달리 낡을 대로 낡은 침대보는 마치 물 먹은 종잇장처럼 힘없이 찢어졌다. 동시에 은채의 몸은 바닥을 향해 떨어져 내렸다.

쿠웅!

엄청난 고통을 예상하던 은채는 생각보다 푹신한 바닥의 촉감에 비명을 지르는 것도 잊었다.

"어? 별로 안 아프네?"

"끄으으. 대신 내가 두 배로 아프니까 좀 비켜 주지?"

"으악! 누, 누구…… 루이? 너 여기서 뭐 해?"

은채는 벌떡 일어나려다가 말고 눈을 동그랗게 떴다. 은채가 비켜 주자 간신히 일어난 루이가 툴툴거렸다.

"네가 보기엔 뭐 하는 것 같아? 당연히 포로가 탈출할까 봐 감시 중이었지. 덕분에 납작한 오징어가 될 뻔했지만."

은채는 루이에게서 한 발짝 뒤로 물러나며 말했다.

"나 좀 보내 주면 안 돼? 나 진짜 돌아가야 한단 말이야."

하지만 루이는 단호히 고개를 흔들었다.

"절대 안 돼. 어서 방으로 돌아가. 그리고 내일부터는 여기 이 자리에 총을 든 병사를 세워 둘 거니까 두 번 다시 이런 무모한 행동은 하지 말고."

"시, 싫어."

은채가 고집스럽게 고개를 흔들자 루이는 짧은 한숨을 내쉬었다. 그리고는 성큼성큼 은채에게로 다가가 그녀를 번쩍 안아들었다.

"으악! 으아아악! 야, 너 뭐하는 거야? 당장 내려 놔!"

"버둥거리면 던져버린다. 가만히 좀 있어."

"놔! 놓으라고!"
"야, 할퀴지 마. 따갑다고!"
"당장 내려놓으란 말이야, 이 악당아!"
"제발 가만히 좀 있어, 이 말썽꾸러기야!"

영국에서 낡은 지프를 타고 런던 거리를 누비는 릴리벳을 모르는 사람은 이제 아무도 없었다.
"공주님, 오늘은 어디로 가세요?"
"국회 앞이요. 요즘은 폭격이 뜸하죠?"
"국왕 폐하 건강은 좀 어떠세요?"

"많이 나아지셨어요. 고마워요."

릴리벳은 손을 흔들며 인사를 해 오는 사람들에게 일일이 미소를 지어 주었다. 사람들은 먼지가 뽀얗게 쌓인 군용 지프를 몰고 다니며 모자를 비뚜름하게 쓴 릴리벳을 보며 더 이상 놀라거나 당황하지 않았다. 신문에서는 엘리자베스 공주라는 호칭 대신 그녀의 군번을 따라 230873 소위라고 적기도 했다. 시민들과 함께 전쟁의 두려움에 정면으로 맞서는 릴리벳의 인기와 지명도는 병석에 누운 왕 조지 6세를 이미 훌쩍 넘어서고 있었다. 사람들은 어서 전쟁이 끝나고 그녀가 정식으로 대관식을 치를 날만 기다렸다.

"언니, 어서 와."

버킹엄 궁전으로 돌아오자 어린 마거릿이 그녀를 맞아 주었다. 며칠 새 철이 든 마거릿은 유모와 함께 얼마 전까지 릴리벳이 했던 것처럼 왕궁 정원에 채소밭을 가꾸고 있었다.

"엄마는?"

"병원에 가셨어. 아빠가 아직 많이 안 좋으신가 봐."

"알았어. 금방 옷 갈아입고 올게."

"그리고 언니, 필립 오빠가 아까부터 응접실에서 기다리고 있어. 엄청 중요한 일인가 봐."

마거릿이 돌아서려는 릴리벳에게 급히 말했다.

"필립이? 알았어."

응접실에 들어서자 언제나처럼 새하얀 제복을 입은 필립이 등을 보이고 서 있었다.

"왜 서 있어? 앉아."

릴리벳의 목소리에 필립은 그제야 뒤돌아섰다. 그는 들어서자마자 풀썩 의자에 걸터앉는 릴리벳을 보며 작게 웃었다.

"힘들지 않아?"

"당연히 힘들지. 아우, 하루 종일 트럭만 타고 다녔더니 엉덩이에 감각이 하나도 없어. 그런데 오늘은 웬일이야?"

"은채가 잡혀간 곳을 찾았어."

필립의 한 마디에 릴리벳은 의자에서 벌떡 일어났다.

"정말? 그게 어딘데?"

필립은 긴 다리로 성큼성큼 다가와 사진 한 장을 건넸다. 넓은 포도밭 한가운데 서 있는 낡은 벽돌 건물을 찍은 항공사진이었다.

"여기가 어디야?"

릴리벳의 질문에 필립은 한동안 머뭇거리다가 짧게 한 마디를 던졌다.

"베를린."

"뭐? 어디라고?"

"베를린 교외의 수도원이야."

릴리벳은 허물어지듯 다시 의자에 주저앉았다. 필립이 그런 릴리벳의 옆자리에 앉아 그녀의 손을 잡아 주었다.

"구해야 해. 나 대신 끌려갔다고. 반드시, 구해야 해."

"알았어. 정보국에서도 지금 방법을 찾고 있어."

필립은 잠깐 머뭇거리다가 다른 소식을 하나 더 전했다.

"하나 더 말해줄 게 있어. 루이에 관한 거야."

"루이? 그 사람에 대해 뭘 더 알아야 해? 그는 배신자야!"

릴리벳은 눈물까지 글썽이며 외쳤다. 가슴 속을 찌르는 듯한 고통에 릴리벳은 입 안 가득 쓴물이 고였다.

"틀렸어. 루이는 배신자가 아니야."

"그건 또 무슨 소리야? 루이가 은채를 데려갔다며?"

"그건 맞아. 하지만 독일의 스파이는 아니란 거지. 오히려 독일 군대에 위장 잠입한 영국의 이중첩자라고 봐야 해. 그에 관한 건 정보국 기밀사항이라 자세하게 이야기할 수 없지만 루이가 영국을 배신한 건 절대 아니야."

필립의 말에 릴리벳은 왈칵 눈물이 쏟아졌다.

"그게 정말이야? 정말 루이가 영국을, 나를 배신한 게 아니야?"

"아니야. 절대 아니야. 내 목숨을 걸고 맹세할 수 있어."

"다행이다. 정말 다행이다."

릴리벳은 눈물을 펑펑 흘리며 자신에게 속삭이듯 중얼거렸다. 그런 릴리벳을 위로하며 필립은 문득 가슴 한구석이 바늘로 찔린 듯 따끔해지는 것을 느꼈다.

'릴리벳이 루이를……?'

울기 바쁜 릴리벳은 그런 필립의 표정을 읽지 못했다. 루이에 대한 오해가 풀리자마자 그녀의 머릿속에는 온통 루이의 비행기에서 맛보았던 자유로운 바람과 아름다운 별빛에 대한 생각뿐이었다. 6살에 갑작스레 왕위 후계자가 된 릴리벳은 단 한 번도 그런 자유를 느껴 본 적이 없었다. 아니, 상상도 하지 못했다. 짧지 않은 생애 동안 왕족이라는 중압감과 후계자라는 책임감에 짓눌려 살아온 릴리벳에게 자유로운 영혼을 가진 루이는 마치 봄바람처럼 매력적으로 다가왔다. 더구나 그와 함께했던 비행은 단연코 그녀의 인생 중 가장 환상적인 시간이었다. 그런 이유로 그녀는 지금 이 순간 은채와 더불어 루이가 못 견디게 보고 싶어졌다.

필립은 가늘게 떨리는 릴리벳의 어깨를 보며 쓴 미소를 지었다. 그가 처음 루이에게 느꼈던 동경과 갈망을 릴리벳 역시 겪고 있음을 짐작했기 때문이었다. 릴리벳과 마찬가지로 그는 그리스의 왕자였으며, 또한 평생 동안 가족 간의 치열한 왕위 다툼을 보아왔다. 때문에 루이와 어울리면서 보낸 자유로운 시간은 그의 생애 동안 가장 소중한 추억이었다.

그런 이유로 그는 루이가 독일의 스파이가 아니라는 것을 증명하기 위해 안간힘을 다했다. 그리고 결국 그가 특별한 명령을 받고 독일군에 잠입했다는 사실을 알게 되는 데 성공했던 것이다. 하지만 릴리벳의 반응은 미처 그가 예상하지 못한 것이었다. 쓴 미소는 입안을 타고 내려가 그의 심장에 격렬한 고통을 안겨주었다. 질투라는 이름의 고통이었다.

"또 도망 가냐?"

살금살금 복도를 걷던 은채는 등 뒤에서 들리는 목소리에 짜증스레 한숨을 쉬었다. 뒤를 돌아보니 아니나 다를까 루이가 삐딱하게 벽에 기대 서 있었다.

"넌 왜 만날 내 뒤만 졸졸 따라다녀? 할 일 없어? 무슨 친위대가 그렇게 한가해?"

루이는 은채의 면박에 어이가 없다는 듯 웃었다.

"네가 한시도 얌전히 있지를 않아서 아무 데도 못 가는 거잖아. 대체 이번엔 또 어떻게 나온 거야?"

은채가 대답하기도 전에 복도 저쪽에서 독일 병사 한 명이 허둥지둥 달려왔다. 씩씩거리며 달려온 그는 은채와 나란히 선 루이를 보자 그 자리에 멈춰 서며 변명을 늘어놓았다.

"헉! 대장님. 이게 어떻게 된 거냐면…… 갑자기 열이 난다면서 식은땀을 뻘뻘 흘리기에 의무실에 데려다 놓고 잠깐 약을 찾는 사이에 도망을 쳤습니다."

루이는 한심하다는 듯 혀를 찼다.

"척 보면 꾀병인지 아닌지 몰라?"

"아까는 진짜 아파 보였습니다. 땀으로 목욕을 할 정도였습니다."

"그래?"

루이는 정말이냐는 듯 은채를 돌아보았다. 은채는 어깨를 으쓱했다.

"방을 한 백 바퀴쯤 뛰었거든. 당연히 땀이 나지."

은채의 대답에 병사는 황당하다는 표정을 지었고, 루이는 못 말리겠다는 듯 키득거렸다.

"하여튼. 포로는 내가 데려다 줄 테니까 넌 가서 보초나 서."

병사는 루이의 말에 후다닥 복도 저쪽으로 달려갔다. 그가 사라지자 루이는 은채에게 손을 내밀었다.

"가지?"

"싫은데……."

"또 안고 간다? 아니면 어깨에 둘러메고……."

"아악! 그건 더 싫어. 내가 내 발로 간다, 가."

은채는 쿵쾅거리며 방으로 돌아갔다. 방안에는 루이가 가져다 놓은 듯 식사가 놓여 있었다. 여전히 포로가 먹기엔 지나치게 좋은 음식들이었다.

"어째 살찌워서 잡아먹으려는 마녀 같다?"

"줄 때 많이 먹어. 탈출은 불가능하니까 그만 좀 하고."

루이는 빙긋 웃으며 문을 닫았다. 뒤이어 철컥 문 잠그는 소리가 났다. 은채는 낡은 침대에 걸터앉으며 투덜거렸다.

"루이 쟤 뭐야? 도무지 속셈을 모르겠어. 악당이면 악당이지 왜 착한 척을 하는 거야? 게다가 나한테 욕먹을 줄 알면서 왜 꼬박꼬박 식사는 자기가 들고 와? 부하들 놔두고. 가끔씩 영국 소식도 알려주고, 간식도 주고……."

한참 고민하던 은채는 머리를 북북 긁었다.

"으으, 가장 중요한 건 왜 자꾸 내 주위에서 맴도냐고. 벌써 쟤한테만 몇 번을 잡힌 거야?"

은채의 탈출 시도는 하루도 빠지지 않았지만 번번이 루이에게 가로막히고는 했다. 하지만 소득이 전혀 없는 것은 아니었다. 한 번씩 걸릴 때마다 은채는 자기가 잡힌 곳에 대한 정보를 모을 수 있었다.

"수도원치고는 좀 크단 말이야. 병사들은 생각보다 많지 않고, 교대시간은 12시랑 2시. 가끔씩 오는 마차를 몰래 타면 베를린 시내까지 갈 수 있을 것 같아. 문제는 지하실이란 말이야. 뭐가 들어있기에 총 든 병사들이 거기만 철통같이 지키지? 심지어 포로인 나보다 지하실 지키는 데 더 열심이잖아."

 은채는 머리를 쥐어짰다. 하지만 뾰족한 해결책은 떠오르지 않았다.
 쾅! 콰앙!
 바로 그 순간, 천둥이 치는 듯 요란한 폭음이 들렸다. 가까이에 폭탄이 떨어진 것이다. 단단한 수도원 벽이 흔들리고 돌가루가 떨어졌다. 지진이라도 난 듯 탁자가 기울어지며 그 위에 놓여 있던 음식 접시들이 바닥으로 떨어져 내렸다. 벽뿐만 아니라 잠겨 있던 문짝도 덜컹거리며 열렸다. 은채의 눈이 반짝였다.
 "이런 찬스를 놓칠 수는 없지."
 침대보를 뒤집어쓰고 밖으로 나오자 은채의 예상대로 밖은 난리가 나 있었다. 병사들은 떨어지는 돌덩이를 피해 이리저리 분주히 뛰었다. 독일어로 시끄럽게 외치는 병사들은 은채의 옆을 달리면서도 그녀의 존재를 눈치 채지 못했다. 은채는 쾌재를 부르며 재빨리 계단을 뛰어 내려갔다. 하지만 그대로 문으로 달리려던 은채는 문득 발걸음을 멈추었다. 그리고 지하실로 통하는 문을 돌아보았다. 평소와 달리 그곳에는 지키는 병사들이 보이지 않았다.
 "미치겠네. 이대로 가야 하는데 저 안에 뭐가 들었는지 궁금해서 도저히 못 참겠단 말이야."
 은채는 몇 번이나 돌아서고 또 돌아섰다가 울상을 지으며 지하실로 통하는 문을 열었다. 그리고 천천히 어두운 계단을 내려갔다.

포도주 저장고로 쓰인 듯한 지하실은 생각보다 크고 복잡했다. 폭격의 피해는 지하실에까지 미쳤다. 멀리서 울리는 듯한 천둥소리와 함께 지하실 천장에 매달린 전구가 이리저리 흔들렸고, 모퉁이 저쪽 어딘가에서 누군가의 다급한 목소리도 들려왔다.

"뭐가 있긴 있다니까. 내가 보고야 만다."

은채는 뒤집어 쓴 침대보를 내던지고 소리가 나는 쪽으로 달렸다. 하지만 채 몇 발짝 가기도 전에 누군가 은채의 어깨를 강하게 움켜잡았다.

"누, 누구…… 헉!"

돌아서던 은채의 눈에 가득 들어온 것은 화가 머리끝까지 난 루이의 얼굴이었다.

"루이!"

"쉿! 죽고 싶지 않으면 조용히 해."

루이는 비명을 지르려는 은채의 입을 커다란 손으로 틀어막았다. 루이의 초록색 눈동자는 화가 나서인지 거의 까만색으로 물들어 있었다. 은채는 문득 머리 위로 떨어지는 폭탄보다 그의 화난 얼굴이 더욱 무섭다고 생각했다.

루이는 겁에 질린 은채를 복잡한 지하실의 통로 사이로 질질 끌고 갔다. 은채는 긴장으로 굳어진 루이의 표정에 반항할 생각도 하지 못한 채 그를 따라갔다.

좁은 통로에는 여러 가지 서류와 탄약통, 오래된 와인 상자들이 어지럽게 쌓여 있었다. 루이는 커다란 나무 상자들 사이에 은채와 함께 몸을 숨겼다. 은채는 의아한 듯 눈을 크게 떴다.

'아니, 나를 숨기는 건 이해하는데 왜 자기도 숨어?'

곤란한 것은 또 있었다. 벽과 상자 사이의 좁은 틈에 숨은 탓에 은채는 루이와 껴안듯 붙어서 있어야 했다. 은채의 심장은 미친 듯이 뛰었다. 폭격과는 상관없이 머릿속에서는 쿵쾅쿵쾅 누군가 북을 두드려댔다.

루이는 그런 은채에게는 신경도 쓰지 않고 나무 상자 틈새에 시선을 고정시키고 있었다. 은채도 호기심 가득한 얼굴로 그쪽을 쳐다보았다. 그곳에는 은채가 지금까지 한 번도 보지 못했던 크고 복잡한

기계가 놓여 있었다. 벽에는 복잡한 선이 이리저리 그려진 유럽 지도가 붙어 있었고, 전보기는 잠시도 쉬지 않고 드르륵거리며 전선의 소식을 찍어냈다. 그 앞에는 장교 한 사람이 암호를 해독하랴, 전보를 읽으랴 동분서주하고 있었다.

"여긴……."

"쉬잇! 들키면 죽음이야."

루이는 다시 한 번 은채의 입을 막았다. 긴장 때문인지 그의 손바닥은 땀으로 흥건히 젖어 있었다.

쿠우웅!

순간, 다시 한 번 굉음과 함께 수도원 전체가 무너질 듯 흔들렸다. 한쪽 구석에 쌓여 있던 서류 상자들이 우르르 쏟아졌고, 전등에서는 파직거리며 전기가 튀었다.

"으헉!"

무전기를 붙들고 있던 장교는 겁을 먹은 듯 비명을 지르며 어디론가 달려갔다. 루이는 그때를 기다렸다는 듯 나무 상자 사이에서 뛰어나갔다. 은채도 뒤처질 세라 그를 따라갔다.

"너 뭐야? 너 여기 장교잖아. 그런데 왜 숨었어?"

루이는 방금 전 자리를 비운 장교가 보던 서류들을 정신없이 뒤지며 말했다.

"지금은 말 시키지 마. 이 중에서 일급 정보만 골라야 한단 말이야. 이건 아니고, 이건 챙겨가야겠다. 그리고 오~ 이거 대박인데."

"그러니까 그걸 왜 네가 훔치는 거냐고. 넌……."

은채는 루이를 졸졸 따라다니며 물었다. 루이는 포기했다는 듯 빙글 돌아서며 말했다.

"난 독일 장교 아니야. 더구나 친위대는 더더욱. 지금 여기 있는 건 일급 정보를 빼내기 위해서야. 굳이 말하자면 이중 스파이라고나 할까."

"이중, 스파이? 그럼 영국을 배신한 게 아니네?"

"아니야. 내가 영국을 왜 배신해? 안 그래도 오늘로 이 지겨운 스파이 짓도 끝이야. 영국으로 돌아가야지."

루이의 말에 은채는 가슴을 짓누르고 있던 돌덩어리가 깨끗이 사라진 듯했다.

"다행이다. 난 네가 정말…… 정말 나쁜 놈인 줄 알고……. 흑흑."

"헉! 야, 울지 마. 안 되겠다. 챙길 건 다 챙겼으니까 일단 나가자."

루이는 꺽꺽 우는 은채의 손을 붙들고 복잡한 지하실을 빠져나왔다. 지하실 밖은 여전히 혼란스러웠다. 루이와 은채는 병사들이 있는 정문을 피해 뒷문으로 나갔다. 하지만 탈출이 그렇게 쉬울 리가 없었다.

"거기 서!"

은채와 루이가 수도원 밖으로 나서는 순간, 커다란 고함 소리와 함께 수많은 병사들이 두 사람을 에워쌌다.

"이제 어쩌지?"

은채는 자신과 루이에게 겨누어진 번뜩이는 총구들을 바라보며 속삭였다. 루이도 절망적인 얼굴로 중얼거렸다.

"이제 우린 죽은 목숨이지."

베를린 폭격!

릴리벳은 은채의 소식을 듣기 전보다 오히려 더 초조해 하고 있었다. 옆에서 보던 왕비는 걱정스러운 눈으로 그녀를 바라보았다.

"조금만 기다리렴. 서두른다고 문제가 해결되는 건 아니야. 그리고 베를린에 있는 게 오히려 안전할 수도 있어."

"알아요. 하지만 가만히 앉아 있을 수가 없어서요."

왕비는 방 이쪽 끝부터 저쪽 끝까지 쉴 새 없이 오가는 릴리벳을 쳐다보며 고개를 흔들었다. 그러다가 문득 생각난 듯 물었다.

"그런데 그 소식을 가지고 온 사람이 필립이라고 했던가?"

"네. 전에 엄마가 알아봐 주신 그 사람이에요."

왕비는 고개를 끄덕였다.

"그랬구나. 그럼 그동안 둘이 쭉 사귀어 왔던 거였구나?"

왕비의 말에 릴리벳은 펄쩍 뛰어 올랐다.

"엄마는……! 아니에요. 저랑 필립은 그냥 친구예요."

"그래? 그럼 이상하네. 내가 뭔가 잘못 알고 있나?"

왕비는 연신 고개를 갸웃거렸다.

"난 필립이 너랑 사귀는 줄 알았지. 그래서 필립이 그리스 왕위를 포기했다는 말을 듣고도 그러려니 했단다."

릴리벳은 자신의 귀를 의심했다.

"필립이 뭘 했다고요?"

"그리스 왕위를 포기했대. 난 그래서 당연히 너와 결혼 약속이 된 줄 알았지. 아니었어?"

릴리벳은 그제야 다트머스 해군 사관학교에서 만났을 때부터 그와 함께했던 순간들과, 그에 대한 생각으로 잠 못 들던 밤들이 영화의 필름처럼 머릿속을 지나갔다. 가슴 한쪽에 따뜻한 온기가 번져 가는 것과 동시에 필립이 자신을 아주 특별하게 생각하고 있다는 것을 깨달았다.

"필립이 너랑 가장 잘 어울리는 결혼 상대라는 사실은 알고 있지?"

왕비의 말에 릴리벳의 얼굴이 한순간 달아올랐다.

"어, 엄마는! 누가 결혼을 한다고 그래요?"

"어머, 넌 왜 화를 내고 그러니? 그냥 그렇다는 거야."

왕비는 다 안다는 듯 빙긋 웃었다. 릴리벳은 입술을 삐죽이다가 문득 물었다.

"그런데 엄마, 필립은 영국 사람이 아니잖아요? 그런데 결혼이 가능할까요?"

릴리벳의 뜬금 없는 질문에 왕비는 큰 웃음을 터뜨렸다.

"호호호호! 거기까지 생각한 거 보니까 아주 싫지는 않은가 보네. 엄마가 한 번 추진해 볼까?"

릴리벳의 얼굴은 빨갛다 못해 보랏빛으로 물들었다.

콰앙!

바로 그때 집무실의 문이 활짝 열렸다. 릴리벳과 왕비는 놀란 눈으로 고개를 돌렸다.

"총리님!"

기운차게 문을 열고 들어선 것은 다름 아닌 총리 처칠이었다. 릴리벳은 언짢은 얼굴로 말했다.

"총리님이 방문하신다는 말은 들은 적이 없는데요? 게다가 시간도 너무 늦은 거 아닌가요?"

처칠은 사과도 없이 특유의 걸걸한 목소리로 놀라운 소식을 전했다.

"일본이 하와이의 진주만을 폭격했답니다."

릴리벳은 화를 내는 것도 잊은 채 외쳤다.

"말도 안 돼요. 일본이 어떻게 하와이를…… 일본에서 하와이까지 거리가 얼마나 먼데요."

"그게, 아주 희한한 방법을 썼다고 하더군요."

처칠은 몇 올 남지 않은 머리를 긁적이며 보고서 한 장을 건네주었다. 보고서를 읽던 릴리벳은 터져 나오는 비명을 참을 수가 없었다.

"자폭 공격? 전원 사망?"

"네. 일본 전투기 조종사들은 그 스스로가 폭탄이 되어 미국 함정

에 떨어졌답니다."

옆에서 처칠의 말을 듣고 있던 왕비는 상상만으로도 끔찍한지 아예 두 눈을 감아 버렸다. 한동안 집무실 안에는 침묵이 감돌았다. 처칠이 조심스럽게 말을 꺼냈다.

"저기, 그래서 말인데요. 이 방법이라면 영국에서 바로 베를린을 폭격할 수 있습니다. 작전은 제가 세울 테니 서명만 하시면……."

쾅!

"총리님, 지금 나더러 영국 병사들을 죽음으로 내몰란 말인가요? 당장 나가요!"

"하지만 만일 단 한 번의 폭격으로 히틀러를 잡을 수 있다면 전쟁이 끝날 수도 있습니다."

"내 말 안 들려요? 당장 나가라고요!"

릴리벳은 진심으로 분노했다. 조금 전까지만 하더라도 두근거림으로 얼굴을 붉히던 소녀의 모습은 어디에서도 찾을 수 없었다. 갈색 눈동자를 차갑게 번뜩이며 릴리벳은 불독이라고 불리는 총리를 사납게 쏘아보았다. 처칠은 한동안 그녀의 시선을 마주보다가 끝내 고개를 숙이고 돌아섰다.

"늦은 시간에 실례가 많았습니다. 하지만 제 얘기는 한 번 더 생각해 보시는 게 좋을 겁니다."

처칠이 나가자 릴리벳은 기진맥진한 듯 의자 위로 허물어졌다. 왕비는 그런 릴리벳의 어깨를 꽉 부둥켜안았다.

"불쌍한 내 딸……. 미안하다. 너에게 이런 걸 감당하게 해서."

다음 날, 마음이 심란한 릴리벳은 아침도 먹지 않은 채 거리로 나섰다. 이른 새벽이라 거리는 텅 비어 있었다. 릴리벳은 낡은 지프의 운전대를 이리저리 돌리며 어젯밤 처칠 총리와의 대화를 떠올렸다. 그의 말대로 히틀러만 잡는다면 독일군의 기세는 단번에 꺾일 것이 뻔했다. 하지만 그렇다고 영국 병사들을 희생시킬 수는 없었다. 릴리벳은 고개를 흔들었다.

"아무리 생각해도 절대 안 돼. 더구나 히틀러가 베를린에 있다는 보장도 없잖아."

결심은 했지만 릴리벳의 마음은 커다란 쇠구슬을 매단 듯 무거웠다. 차창 밖으로 보이는 황폐한 런던 거리와 흙먼지를 뒤집어 쓴 채 방치된 자동차들, 하나둘 거리로 나오는 핏기 없는 사람들의 모습을 보는 릴리벳의 머릿속에는 단 한 가지 생각뿐이었다. 어서 이 지긋지긋한 전쟁이 끝나기를, 그래서 떠난 사람들이 돌아오기를 바랐다.

퍼엉!

한창 복잡한 생각에 사로잡혀 있을 때였다. 뭔가가 터지는 듯한 커다란 소음과 함께 지프의 앞부분에서 시커먼 연기가 뭉텅뭉텅 피어올랐다. 릴리벳은 급히 핸들을 돌려 차를 길가에 세웠다.

차에서 내려 지프의 엔진 뚜껑을 열어본 릴리벳은 와락 인상을 구겼다.

"으으. 어쩐지 위태위태하더니 결국 터져 버렸네. 어쭈? 바퀴까지 펑크 났잖아? 이 고물차 같으니!"

릴리벳은 바람이 죄다 빠져버린 바퀴를 한 번 걷어차고는 사람을 부르는 대신 트렁크를 뒤졌다. 트렁크에는 여분의 바퀴와 각종 공구, 이런 상황을 대비해서 챙겨둔 부품들이 들어 있었다. 릴리벳은 필요한 것을 모두 찾자 겉옷을 벗어 바닥에 깔았다. 그리고 그 위에 벌렁 드러누워 차를 고치기 시작했다.

"공주님, 또 고장이에요?"

"궁전에는 좋은 차 없어요?"

"무슨 공주가 만날 차만 고쳐? 칫!"

어느새 지프 주변으로 구경꾼들이 몰려들었다. 대부분 코흘리개 어린이들이었다. 바닥에 엎드려 차를 고치고 수시로 바퀴를 가는 릴리벳의 모습은 런던 사람들에게 이제 구경거리도 되지 못했다. 릴리벳은 차 아래 반쯤 들어간 상태로 손을 휘휘 저었다.

"야! 꼬맹이들은 저리 가."

"심심하단 말이에요."

"심심하면 집에 가서 엄마랑 놀아."

"엄마 없어요. 저번 폭격 때 돌아가셨어요. 아빠도 전쟁에 나가시고 없고."

꼬마의 말에 릴리벳은 바삐 움직이던 팔을 멈추었다. 그리고 차 밖으로 기어 나와 빙 둘러선 꼬마들을 쳐다보았다.

"그럼 넌 누구랑 살고 있어?"

"친척 집에요. 그런데 삼촌들도 모두 전쟁에 나갔어요."

"우리 아빠도 전쟁 영웅이야. 며칠 전에 훈장이랑 국기가 왔어. 그거 무지 멋있는데 엄마는 울기만 하더라."

"이 바보야, 그건 너희 아버지가 돌아가셨기 때문이야. 저번 달에 우리 엄마도 하루 종일 울기만 해서 잘 알아."

꼬마들은 서로 자랑하듯 전쟁의 상처를 이야기하고 있었다. 릴리벳은 가슴 한쪽에 서늘한 바람이 부는 듯한 착각이 들었다.

한 꼬마가 그런 릴리벳에게 조심스럽게 물었다.

"그런데 공주님, 전쟁은 금방 끝나죠? 그렇죠?"

릴리벳은 고개를 끄덕일 수밖에 없었다.

"그럼. 당연하지."

그녀의 말에 꼬마들은 내일 당장 전쟁이 끝날 듯 기뻐하며 거리 저쪽으로 달려갔다. 더 이상 아이들이 보이지 않게 되자 릴리벳은 아직까지 연기가 폴폴 나는 지프에 기대앉았다.
"총리가 맞아. 어떻게 해서든 이 끔찍한 전쟁을 끝내야만 해. 난 여왕이니까."
그때 지프 한 대가 릴리벳의 고장 난 지프 옆에 멈춰 섰다.
"곤란에 빠진 것 같은데 도와줄까?"
릴리벳은 옆을 돌아보았다. 반쯤 내린 차창 너머로 필립의 얼굴이 보였다. 릴리벳은 큰 결심을 한 듯 눈을 반짝이며 벌떡 일어났다.
"다우닝가 10번지까지 좀 태워다 줘."
다우닝가 10번지는 영국 총리의 관저였다. 릴리벳의 말에 필립은 묘한 표정을 지었다.
"나도 마침 그쪽으로 가는 길인데 잘됐네."
총리 관저에는 이른 시간임에도 불구하고 의회의 의원부터 가슴에 훈장을 매단 장군 등 많은 사람들이 모여 있었다. 그들은 불쑥 들이닥친 릴리벳을 보며 화들짝 놀라 벌떡 일어섰다. 오직 한 사람, 처칠만은 그녀가 찾아올 줄 알았다는 듯 고개를 끄덕였다.
"안으로 들어오십시오. 필립 자네도."
처칠의 집무실은 마치 군대의 막사처럼 간소했다. 그는 릴리벳이 딱딱하고 투박한 탁자에 앉자마자 대뜸 서류 한 장을 내밀었다. 내용을 보지 않아도 베를린 폭격의 작전 서류였다. 릴리벳은 망설이듯 만년필을 든 채 처칠을 빤히 쳐다보았다.
"총리님, 히틀러가 베를린에 없을지도 모르잖아요."
처칠은 릴리벳이 그렇게 말할 줄 알았다는 듯 필립을 쳐다보았다.

릴리벳도 덩달아 필립 쪽으로 고개를 돌렸다.

필립이 말했다.

"그는 베를린에 있습니다. 조금 전 독일군에 잠입해 있는 정보원이 히틀러의 정확한 위치를 알려왔습니다."

필립이 그렇게까지 말하자 릴리벳은 입술을 질끈 깨물었다. 그리고 명령서에 자신의 이름을 써 내려갔다. 처칠은 릴리벳이 서명을 하자마자 명령서를 들고 밖으로 달려갔다. 채 닫히지 않은 문틈 사이로 걸걸한 처칠의 고함소리와 누군가의 발소리가 들려왔다.

잠깐의 침묵이 부담스러운 듯 필립이 헛기침을 했다.

"흠흠, 그럼 나도 이만."

"그 정보원이 혹시 루이야?"

필립은 돌아서려다가 말고 릴리벳을 바라보았다. 천천히 그의 고개가 위아래로 끄덕여졌다.

"맞아. 그리고 그게 루이의 마지막 임무였어."

릴리벳은 반색을 했다.

"정말이야? 그럼 영국으로 돌아오겠네? 가만, 루이가 은채를 데려갔으니 돌아올 때 데리고 올지도 모르겠다. 아니, 틀림없이 함께 돌아올 거야."

들뜬 릴리벳과는 달리 필립의 얼굴은 점점 어두워지고 있었다.

"표정이 왜 그래? 뭐 잘못된 거라도 있어?"

"그게 사실은…… 히틀러의 최종 목적지가 바로 루이와 은채가 있는 그 수도원이야. 잘못하면 그 둘도 폭격에 휩싸일 수 있어."

필립의 말에 릴리벳은 번개라도 맞은 듯 휘청거렸다. 의자에 다시 주저앉는 릴리벳을 보며 필립이 말했다.

"내가 갈게."

"뭐?"

"내가 가서 두 사람을 데려올게."

릴리벳은 놀란 눈으로 필립을 올려다보았다.

"네가 왜? 게다가 거긴 곧 폭격당할 거야. 내가 방금 그걸 허락했다고. 너도 봤잖아."

"그러니까 그 전에 도착해야지. 그리고 우리가 돌아오면 그때 다시 한 번 선택해 줘. 네 마음속에 있는 사람이 나인지 아니면 루이인지."

"피, 필립! 가지마. 너무 위험해. 더구나 넌 영국인도 아니잖아."

필립은 피식 웃었다.

"몰랐어? 나 이제 완전히 영국 사람인 거. 어제부터 난 필리포스 바텐베르크가 아니라 필립 마운트배튼 대위야."

"마운트배튼?"

"필리포스 바텐베르크를 영어식으로 바꾼 이름이야. 기억해 놔."

필립은 씽긋 웃었다.

"꼭 루이와 은채를 구출하고 돌아올게."

"하지만……."

"위험하다고? 위험한 만큼 가치가 있는 일이지. 전쟁도 끝내고 네 마음도 내 쪽으로 돌릴 수만 있다면 말이야."

필립은 씽긋 웃고는 밖으로 나갔다. 혼자 남은 릴리벳은 왕위를 버리고 이제는 이름까지 바꾸었다는 필립의 말을 곰곰이 되뇌었다.

"필립 마운트배튼……."

"으아아악! 이제 어떻게 해?"

"어쩌긴 뭘 어째? 죽어라 달려! 잡히면 국물도 없다고!"

은채와 루이는 정신없이 포도나무 사이로 달리고 또 달렸다. 등 뒤에서는 성난 독일 병사들의 고함소리가 들렸고, 간간히 날카로운 총성이 들리기도 했다.

루이는 고랑과 고랑 사이를 달리며 은채에게 고함쳤다.

"이 바보야, 도망가라고 군인들 다 딴 데로 돌리고 일부러 폭탄까지 터뜨렸는데 지하실엔 왜 내려와?"

"폭탄? 아까 그거 폭격이 아니었어?"

"비행기도 안 떴는데 무슨 폭격? 으이구, 오늘 하루만 그 호기심 좀 참지."

"내, 내가 뭐? 그리고 이건 네 잘못이야. 누가 처음부터 거짓말하래?"

"그럼 내가 스파이요, 하고 떠벌리고 다니냐? 릴리벳 공주한테도 말 안 한 걸 너한테 말해 줄 거 같아? 연기도 엄청 못 하는 너한테?"

"연기를 누가 못해? 네가 봤어?"

"아, 시끄러워. 하여튼 너 때문에 되는 일이 하나도 없어. 너만 보면 정신이 하나도 없고 머리도 복잡해 죽겠다고!"

티격태격하고는 있었지만 둘의 상태는 좋지 않았다. 방금 전 포위망을 뚫는 과정에서 루이는 팔과 어깨를, 은채도 다리를 다친 상태였다. 두 사람의 옷은 붉은 피로 얼룩져 있었다.

"헉헉. 나 도저히 못갈 것 같아. 너 혼자 가. 잡히면 설마 죽이기야 하겠어?"

미친 듯이 포도밭을 뛰어다니던 은채가 먼저 주저앉았다. 은채는 끊어질 듯 아픈 옆구리를 움켜쥐고는 흙바닥 위에 주저앉았다.

"포기하면 안 돼. 여기만 벗어나면 돼. 저쪽에 차를 숨겨 두었단 말이야."

"진짜? 진짜지? 거짓말이기만 해 봐."

은채는 끙끙거리며 다시 일어났다. 루이는 절뚝거리면서도 포기하지 않고 달리는 은채의 뒷모습을 보며 씩 웃었다.

"하여튼 의지 하나는 알아줘야 한다니까. 야, 부축해 줄게, 같이 가!"

은채는 루이가 내미는 손을 두 말 않고 잡았다. 다친 다리가 너무 아팠던 것이다. 허리는 끊어질 듯 당겨왔고, 온몸은 땀으로 목욕을 한 것만 같았다. 하지만 은채는 이 상황이 마냥 싫지만은 않았다. 이유는 단 하나, 나란히 뛰고 있는 루이 때문이었다.

"이러니까 옛날 생각 팍팍 나네. 런던탑에서도 미친 사람처럼 도망 다녔는데."

은채의 말에 루이는 입을 삐죽였다.

"런던탑에서만? 너랑 붙어 있으면 매번 목숨이 왔다 갔다 했잖아. 바다에서도 그렇고 눈밭에서도 그렇고. 심지어 정글에서도. 아무튼 넌 골칫덩이야."

루이의 말에 은채는 발걸음을 우뚝 멈추었다. 루이는 짜증스러운 듯 뒤돌아보았다.

"왜 또? 시간 없다니까……."

"그게 아니라 너 지금 뭐라고 했어? 정글? 눈밭?"

루이는 고개를 갸웃거렸다.

"어? 내가 그런 말을 했던가?"

은채는 흥분을 감추지 못했다.

"잘 생각해 봐. 너 혹시 예전 생각이 나는 거야? 후안이나 알렉세이, 후앙, 주몽! 뭐 기억나는 이름 없어?"

루이는 고개를 흔들었다.

"없어. 그리고 지금은 한가하게 기억이나 되짚을 때가 아니야. 얘기는 차에 타고 하자."

그의 말대로 추격자들의 고함소리는 아까보다 훨씬 가까운 곳에서 들려왔다. 은채는 고개를 끄덕였다.

달리고 또 달린 끝에 둘은 마침내 포도밭을 벗어났다. 하지만 그곳에서 두 사람을 기다리고 있는 것은 루이의 차가 아니었다. 수도원에 있던 병사들의 몇 배나 되는 독일 친위대들이 루이의 차 뒤에 서 있었던 것이다. 게다가 그들 한 가운데서 걸어 나오는 사람은 은채에게도 너무나 낯익은 얼굴이었다. 은채는 콧수염을 기른 중년의 남자를 발견하자마자 루이의 팔에 매달렸다. 루이 역시 겁에 질린 목소리로 중얼거렸다.

"맙소사…… 히틀러!"

"그렇지 않아도 군사 기밀이 자꾸 새나가서 고민이었는데 바로 너

였구나."

"어쩐지 저 포로를 너무 위해 준다 했어. 절대로 다치면 안 되는 공주의 친구라고? 그런 말을 믿은 내가 바보다."

"당장 죽여야 해."

친위대 병사들은 자신들을 배신한 루이를 향해 시커먼 총구를 겨누었다. 루이와 은채는 누가 먼저랄 것도 없이 서로를 부둥켜안았다.

"미안해, 은채야. 이번에는 지켜 줄 수 없을 것 같네."

"아니야. 그동안 지켜 준 걸로 충분해."

은채는 두려움과 편안함을 동시에 느끼며 두 눈을 질끈 감았다.

휘이익!

가장 먼저 들린 것은 높은 휘파람 소리였다. 그리고 그것은 언젠가 런던에서 들어본 적이 있는 소리였다. 은채는 감았던 눈을 번쩍 뜨며 하늘을 올려다보았다.

"설마?!"

루이와 다른 사람들도 놀란 얼굴로 하늘 위를 올려다보았다.

"포, 폭탄!"

"피해! 폭격이다!"

콰아앙-!

비명소리가 채 끝나기도 전에 사방에서 폭탄이 터졌다. 흙더미와 시커먼 연기로 하늘은 순식간에 잿빛으로 변했다. 은채와 루이는 바닥에 납작 엎드리며 비명을 질렀다.

"꺄아아악! 이건 또 뭐야?"

"영국군이야!"

루이의 고함소리에 은채는 하늘을 올려다보았다. 정말로 하늘을 새까맣게 메운 전투기의 날개에는 영국의 국기인 유니온 잭이 선명하게 그려져 있었다.

"윽! 저건 우리 부대 마크잖아. 이것들이 감히 날 빼고 베를린 공습을 해? 이 신 나는 걸 할 거였으면 내가 여기 안 왔잖아!"

"야, 지금 그런 소리가 나오냐? 일단 저 사람들부터 어떻게 좀 해 봐!"

은채는 폭격을 뚫고 몰려드는 친위대를 가리키며 악을 썼다. 하지만 지칠 대로 지친데다가 사방에서 폭탄이 터지는 상황에서는 도망갈 곳조차 찾기 힘들었다.

타앙!

바로 그때, 요란한 총소리와 함께 다가오는 친위대원들이 픽 앞으로 고꾸라졌다. 놀라 뒤를 돌아본 은채의 눈에 너무나도 반가운 얼굴이 보였다.

"필립!"

필립은 눈물까지 글썽이는 은채를 보며 씽긋 웃었다. 그리고 기진맥진한 듯 바닥에 털썩 주저앉은 루이에게 손을 내밀었다.

"다시 만나서 반갑다."

"나만큼 반가울까. 하여튼 사람 놀라게 하는 데 선수라니까."

릴리벳의 집무실에는 늦은 시간임에도 여러 사람들이 모여 있었다. 그만큼 전쟁의 불길이 거세다는 증거였다. 벽에 붙은 커다란 지도와

산처럼 쌓인 서류 때문에 집무실은 궁전이 아니라 군대의 일부분처럼 보였다.

"일본의 폭격으로 미국이 적극적으로 전쟁에 개입한 건 정말 다행스러운 일입니다. 덕분에 유럽 곳곳에서 승전보가 날아들고 있습니다."

가슴에 훈장을 십여 개나 매단 중년의 장군이 말을 꺼냈다. 그러자 여기저기서 전쟁에 대한 소식이 쏟아졌다. 그 중에서도 미국 참전만큼이나 반가운 소식은 러시아의 대대적인 참전 선언이었다. 북유럽 전선의 우세를 믿은 독일군이 먼저 러시아 국경을 넘어 버린 것이다. 그때까지 침묵을 지키던 러시아는 분노하며 독일로의 진격을 시작했다. 세계 최강의 군사 대국인 미국과 러시아의 참전으로 독일은 벌써부터 휘청거리고 있었다.

수많은 말이 오가고 있지만 릴리벳의 신경은 온통 테이블 위에 놓인 전화기에 쏠려 있었다.

'왜 연락이 없지? 폭격은 성공한 거야? 필립은 은채를 구했을까?'

똑똑!

바로 그 순간, 누군가 집무실 안으로 들어왔다. 하얀 제복을 입은 그는 릴리벳이 그토록 궁금해 하던 소식을 가지고 온 전령이었다.

"방금 베를린으로부터 소식이 들어왔습니다."

"결과는요?"

릴리벳은 두근거리는 마음을 애써 참으며 되물었다.

"폭격은 성공적이었답니다. 비록 히틀러는 잡지 못했지만 그가 이끄는 친위대를 거의 와해시켰고, 또한 극비 정보도 상당수 확보했다고 합니다. 알고 보니 그 수도원이 바로 나치의 정보국이었더군요. 군수품의 이동경로와 암호 체계, 주요 인물들의 인적사항과 더불어 히틀러의 은신처들도 알아냈답니다."

그의 보고를 듣던 사람들은 일제히 만족한 듯 고개를 끄덕이거나 서로서로 악수를 나누었다. 하지만 릴리벳은 아직 기뻐할 수가 없었다.

"그리고 다른 건요? 다른 소식은 없나요?"

릴리벳의 목소리에는 간절함과 다급함이 가득했다. 보고를 하던 전령은 뭔가 말을 하려다가 말고는 그녀에게 사진 한 장을 건네주었다.

"필립 대위의 일을 물으신 거라면 죄송합니다만 아직 연락이 없습니다. 폭격이 워낙 대대적으로 이루어져서……."

그는 말끝을 흐렸다. 하지만 어차피 릴리벳의 귀에는 그의 말이 들리지 않았다. 릴리벳은 자신의 손에 들린, 완전히 폐허가 되어 버린 수도원의 항공 사진을 보며 할 말을 잊었다.

"흠흠. 저희는 이만……."

릴리벳의 눈에 눈물이 고이기 시작하자 집무실 안에 있던 사람들은 하나둘 자리를 뜨기 시작했다. 마지막으로 전령마저 나가자 릴리벳은 완전히 혼자가 되었다. 그제야 그녀의 뺨을 타고 눈물이 흘러내렸다.

"믿을 수 없어. 아니야. 아닐 거야. 설마……."

승리와 여왕

콰앙!

"설마 뭐? 설마 내가 죽었을까 봐?"

눈물을 펑펑 흘리던 릴리벳은 집무실 문을 부술 듯 열고 들어서는 은채를 보며 눈을 깜빡였다.

"은채? 너 정말 은채야?"

"그럼 진짜 나지. 설마 유령이겠니? 아우, 다리 아파."

은채는 다친 다리를 절룩거리며 다가왔다. 그리고 의자에 털썩 주저앉았다. 릴리벳은 머리끝부터 발끝까지 더러운 흙먼지를 뒤집어쓴 은채를 쳐다보며 다시 물었다.

"하지만 어떻게…… 지금 막 네가 있던 수도원이 완전히 무너졌다는 보고를 받았단 말이야."

"그거야 우리가 터뜨려서 그렇게 된 거지."

바로 그때 또 한 사람이 집무실 안으로 들어왔다. 은채와 마찬가지로 온통 먼지투성이에 붕대까지 칭칭 감은 그는 다름 아닌 루이였다. 루이는 발을 질질 끌며 은채 옆에 앉았다.

"아으, 좋다. 역시 영국이 좋아."

릴리벳은 믿어지지 않는다는 눈으로 나란히 앉은 은채와 루이를 바라보았다. 그러다가 갑자기 환호성을 지르며 둘의 목을 끌어안았다. 은채와 루이 역시 반가움을 표했다.

"꺄아악! 다시 만나서 정말 반가워. 난 둘 다 영영 못 보는 줄 알았단 말이야."

"릴리벳, 베를린에서 쉬지 않고 날아와서 우리 완전 더럽단 말이야. 옷에 기름때 다 묻는다."

"공주…… 끄아악! 거기 총 맞은 데야!"

한참동안 둘을 껴안고 있던 릴리벳은 한 발 물러서며 주변을 돌아보았다.

"그런데 필립은? 보고하러 갔어?"

필립의 이름이 튀어나오자 은채와 루이는 약속이라도 한 듯 동시에 입을 꾹 닫았다. 그리고는 바닥으로 시선을 내리깔았다.

"너희들 갑자기 왜 그래? 필립한테 무슨 일이라도 생겼어?"

은채는 치맛자락을 만지작거리다가 힘들게 입을 열었다.

"릴리벳, 듣고 놀라지 마. 필립이…… 흑!"

은채가 말을 하다 말고 갑자기 울음을 터뜨렸다. 그러자 루이 역시 침통한 얼굴로 한숨을 푹 쉬며 그 뒷말을 이었다.

"그 녀석은, 마지막 순간에 친위대가 쏜 총을 피하지 못하고 그만……."

릴리벳은 하늘이 핑핑 도는 기분이었다. 가슴이 뻥 뚫린 듯 찬바람이 온몸을 휘감았다. 왈칵 눈물이 쏟아져 내렸다.

"나 때문이야. 내가…… 내가 끝까지 가지 말라고 말렸어야 했는데. 나 때문에 필립이……."

"병원으로 실려 가긴 했는데 상태가 너무 안 좋아. 지금 가면 아마 마지막 순간은 볼 수 있을지도. 흑!"

은채가 다시 한 번 울먹이며 말했다.

"병원이라고?!"

릴리벳은 은채의 말이 끝나기도 전에 집무실 밖으로 달려 나갔다. 복도를 내달리는 그녀의 머릿속에는 단 한 가지 생각뿐이었다. 단 한 번이라도 필립을 다시 만나야 한다는. 릴리벳은 그제야 자신이 진심으로 사랑한 사람이 바로 필립임을 깨달았다.

릴리벳이 막 왕궁 밖으로 나서는 순간이었다. 누군가 그녀의 앞을 가로막았다. 그 덕분에 릴리벳은 키가 큰 그의 가슴에 그대로 뛰어든 꼴이 되고 말았다.

"비, 비켜……."

릴리벳은 무심코 상대방을 올려다보다가 기절할 듯 놀라고 말았다. 자신의 어깨를 잡고 있는 그는 병원에서 생사의 기로를 헤매고 있던 필립이었던 것이다.

"어, 어떻게? 다쳤다면서 여기 어떻게……. 총에 맞았다면서?"

필립은 대답 대신 빙그레 웃었다. 그제야 릴리벳은 자신이 루이와 은채에게 보기 좋게 속아 넘어갔다는 사실을 깨달았다.

"이것들을 그냥……!"

릴리벳은 눈물로 얼룩진 얼굴을 감추기 위해 급히 돌아섰다. 필립이 그런 릴리벳의 팔을 급히 잡았다.

"답장 받아가야지."

"응? 무슨 답장…… 으아악! 그거 어디서 났어?"

뜬금없는 필립의 말에 릴리벳은 고개를 갸웃거리며 돌아섰다. 그리고는 괴성을 질렀다. 필립이 손에 들고 있는 것은 필립을 처음 만났을 때 자기가 썼던 낯간지러운 문장이 넘쳐나는 바로 그 편지였기 때문이었다. 필립은 눈을 반짝이며 편지를 펼쳤.

"다정한 눈빛과 물결처럼 부드러운 미소…… 심장이 떨렸어? 그럼

처음부터 그렇다고 얘길 하지."

"으아악! 읽지 마! 읽지 말란 말이야!"

릴리벳은 편지를 빼앗기 위해 필사적으로 팔을 뻗었다. 하지만 그녀보다 머리 하나는 더 큰 필립에게 편지를 빼앗는 것은 처음부터 불가능한 일이었다.

"고은채, 이 배신자. 무덤까지 비밀로 하자고 해 놓고!"

"이런 명문장을 왜 비밀로 해?"

울상을 짓는 릴리벳의 이마에 필립이 키스를 했다.

"으으, 닭살! 정말 눈 뜨고는 못 봐주겠다."

2층 테라스에서 릴리벳과 필립을 내려다보고 있던 은채는 부르르 어깨를 떨며 고개를 흔들었다. 루이가 키득거리며 웃었다.

"네가 짠 작전이거든? 끝까지 봐 줄 의무가 있어."

루이의 말에 은채는 피식 웃었다. 그리고는 이제 서로의 손을 잡고 있는 릴리벳과 필립을 바라보았다.

"흐으. 내가 아무리 역사를 잘 모르긴 하지만 엘리자베스 여왕의 남편이 누군지는 알지."

"엘리자베스 여왕? 하긴 뭐. 이제 전쟁이 끝나기만 하면 여왕이 될 거니까."

루이는 선선히 고개를 끄덕였다. 그리고는 빤히 은채를 쳐다보았다.

"그런데 정말 신기해. 널 보고 있으면 이상한 그림이 머릿속에 휙휙 지나간단 말이야. 한 번도 가 본 적 없는 장소에 너와 서 있는 내가 보이기도 하고. 너 대체 정체가 뭐야?"

루이의 캐묻는 듯한 질문에 은채는 미소를 지었다.

"죽어라 생각해 봐. 내가 누구인지. 그리고 너에게 어떤 존재인지. 그동안 내 속을 썩인 벌이야."

"야, 그런 게 어딨어? 은채야! 그냥 가면 어떻게 해? 우리가 대체 어디서 만났던 거냐고?"

미국과 러시아의 참전은 전쟁의 양상을 단번에 뒤집었다. 엄청난 병력과 화력을 앞세운 연합군은 유럽 곳곳에서 독일군을 압박해 들어갔다. 패배의 먹구름이 독일 전역으로 확산되었다. 더구나 집시들이나 유대인들을 대상으로 한 히틀러의 잔혹한 만행이 알려지면서 독일 내부에서조차 반성의 목소리가 터져 나왔다.

패배를 직감한 히틀러는 스위스의 어느 비밀 장소에서 스스로 목숨을 끊었다. 그 소식은 단번에 온 유럽으로 퍼져나갔다. 그의 죽음으로 전쟁은 사실상 끝이 났다. 독일군은 항복을 선언했다.

"승리했어! 우리가 이겼어!"

독일의 항복으로 유럽은 승리의 물결로 넘쳐났다. 영국도 마찬가지였다. 사람들은 광장으로 쏟아져 나와 승리의 기쁨을 만끽했다.

릴리벳과 필립, 루이, 은채도 사람들과 뒤섞여 기쁨의 함성을 질렀다. 독일에 이어 일본까지 무조건 항복을 했다는 소식에 은채는 다른 사람들보다 두 배는 기뻤다. 거리는 온통 한 가지 구호로 가득했다.

"해피 VE-DAY!"

VE-DAY는 Victory in Europe Day의 약자로 유럽의 승리를 축하하는 날이라는 뜻이었다. 서로가 가장 사랑하는 사람과 함께였기에 일행은 다른 사람들보다 몇 배는 기쁘고 행복했다.

하지만 버킹엄 궁전으로 돌아온 그들을 기다리고 있는 것은 왕이 죽었다는 충격적인 소식이었다. 릴리벳은 승리의 기쁨이 채 가시기도 전에 검은색 상복을 입어야만 했다. 한 가지 다행인 것은 조지 6세가 영국이 승리했다는 소식을 듣고 평온하게 눈을 감았다는 것이다.

왕의 죽음은 당연히 영국에서 가장 뜨거운 뉴스가 되었다. 처칠을 비롯한 내각의 모든 의원들은 장례식은 최대한 짧게 하고 곧바로 릴리벳의 대관식을 거행하기로 결정했다. 그것도 최대한 성대하게. 오랜 기간 전쟁으로 시달린 영국 국민들의 마음의 상처를 달래주고 하나로 묶기 위해서였다. 릴리벳도, 왕비도 고개를 끄덕일 수밖에 없었다.

짧은 장례식을 치른 버킹엄 궁전은 이번에는 대관식 준비로 분주했다. 폭격으로 깨진 유리창은 반짝이는 새 것으로 교체되었고, 금이 가고 무너진 벽은 말끔하게 손질되었다. 하얀 장미 대신 궁전 곳곳에 붉은 장미가 꽂혔고, 왕실 금고의 문이 열리며 복도 곳곳에는 전대 왕과 여왕들의 초상화와 이름난 화가들의 예술품이 내걸렸다.

대관식 전날 밤, 릴리벳에게 왕비는 작은 보석 상자 하나를 내밀었다.

"내가 가장 아끼는 보석이란다. 이제 이 목걸이의 주인은 너야."

보석 상자 안에는 눈이 부시도록 영롱한 다이아몬드 목걸이가 들어 있었다. 릴리벳보다 은채가 먼저 소리쳤다.

"메리 여왕의 목걸이!"

왕비는 의외라는 듯 눈을 동그랗게 떴다.

"어머, 네가 어떻게 이걸 아니? 메리 여왕 하면 화려한 루비 목걸이가 유명하지만 사실은 이 목걸이를 가장 좋아했다고 하더구나."

"당연하죠. 그게 바로 엄마의 유품이었으니까. 그리고 저걸로 필리페가 아마 청혼을 했을걸요?"

왕비는 놀란 표정을 숨기지 않았다.

"맞아. 그건 역사서에도 나와 있지 않은 내용인데 어떻게 그렇게 자세히 알고 있니?"

은채는 머뭇거리다가 자기가 사실은 미래에서 왔으며 흩어진 메리의 다이아몬드를 찾고 있다고 말했다. 그리고 이것이 마지막 여행이라는 사실도.

"호호호! 정말 재밌는 얘기로구나. 넌 나중에 이야기 작가를 해도 되겠다."

은채의 말에 왕비는 유쾌한 웃음을 터뜨리고는 방을 나갔다. 뒤에 남겨진 은채는 툴툴거리다가 한숨을 푹 내쉬었다.

"으윽, 답답해. 정말이라니까 왜 안 믿으실까. 하긴 뭐, 내가 듣기에도 황당하긴 하다."

하지만 뜻밖에도 릴리벳은 은채의 말을 믿었다. 그녀는 은채의 손을 덥석 잡고는 계단을 뛰어 내려가기 시작했다.

"야, 어딜 가?"

"따라와 보면 알아."

릴리벳이 은채를 데려간 곳은 궁전 지하에 있는 왕실 금고였다. 두꺼운 철문을 몇 개나 열고 들어간 금고 안은 그야말로 보석 천지였다.

"우와! 진짜 환상적이다."

은채는 그 옛날 빅토리아 시대부터 모아온 왕실의 보석들을 보며 탄성을 터뜨렸다. 주먹만 한 다이아몬드가 박힌 왕관부터 불타는 듯한 루비, 푸른 사파이어와 신비로운 자수정에서 내뿜어지는 광채는 서로 어울리고 부서지며 보는 사람의 눈을 황홀하게 했다.

"영광인 줄 알아. 왕이나 여왕의 직계가족만이 들어올 수 있는 곳이거든."

릴리벳의 말에 은채는 가까스로 정신을 차렸다.

"그런데 난 왜 데려온 거야?"

"응? 아아. 이걸 보여주려고."

릴리벳이 내민 것은 작은 벨벳 주머니였다. 은채는 아직도 영문을 모르겠다는 듯 고개를 갸웃거렸다. 릴리벳은 빙긋 웃으며 은채의 손바닥에 주머니를 거꾸로 털어냈다.

또르륵.

주머니에서 은채의 손바닥으로 굴러 떨어진 것은 다름 아닌 은채가 찾던 마지막 다이아몬드였다.

"이건?!"

"전쟁이 나서 금고 문을 닫기 직전에 이곳에서 주운 거야. 그때부터 줄곧 이상하다고 생각했어. 이 정도 크기의 다이아몬드가 바닥에 굴러다닌다는 게 말이 돼? 언젠가 주인을 찾을 수 있을 거라고 생각하고 있었어. 그게 너인지는 정말 몰랐지만."

릴리벳이 말하는 동안 은채의 손안에 놓인 다이아몬드는 점점 더 밝게 빛나고 있었다. 마치 보석이 아니라 그 스스로가 빛이 된 듯이. 은채는 눈물 가득한 눈으로 릴리벳을 바라보았다.

"어떻게 하지? 나 돌아갈 시간이 다 됐나 봐."

"지금 당장? 안 돼. 내일이 대관식이란 말이야. 내 대관식은 보고 가."

은채는 빙긋 웃었다.

"안 봐도 돼. 넌 진짜 끝내주게 멋진 여왕님이 될 거거든."

"정말?"

"응. 내 말 믿어. 나 미래에서 왔다니까?"

"알았어. 믿을게. 그런데 너, 루이에게 인사 안 하고 갈 거야?"

릴리벳의 말에 은채는 입술을 깨물었다.

"그냥 이대로 가는 게 나을 것 같아. 우리는 사는 시대가 다르잖아. 네가 내 대신 말 좀 전해 줘. 만나서 정말 기뻤다고, 인사 못 하고 가서 미안하다고. 언제나 날 사랑해 줘서 고마웠다고도."

은채의 몸은 이제 거의 사라져 흐릿한 형체만이 남아 있었다. 릴리벳은 한 발짝 가까이 다가가 은채의 뺨에 키스를 했다.

"내가 가장 힘든 시간을 버티게 해 줘서, 그리고 진짜 사랑을 찾게 도와줘서 고마워. 잘 가."

파앗!

릴리벳의 말이 끝나자마자 금고 안에는 빛의 폭풍이 몰아쳤다. 릴리벳은 눈을 질끈 감은 채 그 빛이 주는 따뜻함에 온몸을 맡겼다. 다

시 눈을 뜨자 릴리벳은 혼자였다. 릴리벳은 조금 전 어머니에게서 받은 메리 여왕의 목걸이에 가만히 손을 대 보았다.

대관식은 성황리에 끝이 났다. 온통 전쟁 얘기뿐이던 신문은 앞다투어 아름다운 릴리벳의 사진을 실었고, 라디오에서는 그녀의 대관식을 생중계했다. 사람들은 전쟁의 아픔을 잠시나마 잊은 채 거리로 쏟아져 나와 새로운 여왕의 이름을 연호했다.

"엘리자베스 2세 만세!"

온 영국에서 단 한 사람, 루이를 제외하고는 모두가 기쁜 날이었다. 대관식 직전 은채가 떠났다는 소식을 전해들은 루이는 망연자실 그 자리에 주저앉고 말았다. 릴리벳은 은채가 이곳에 온 이유와 떠나야 했던 사정을 설명해 주었다.

"다른 시간, 다른 시대? 나더러 지금 그 말을 믿으란 거야?"

하지만 루이는 그 말이 사실이라는 것을 알고 있었다. 시간이 지날수록 점점 더 과거의, 아니 전생의 기억이 새록새록 떠올랐던 것이다. 루이는 한참동안이나 멍하게 앉아 있다가 갑자기 벌떡 일어났다. 그리고는 대관식도 보지 않은 채 버킹엄 궁전을 빠져나왔다.

그리고 며칠 후 그는 대서양을 건너는 배 위에 서 있었다. 가죽 장갑을 낀 그의 손에는 한 번도 들어본 적 없는 낯선 나라로 향하는 표가 들려 있었다.

"조선…… 아니 한국이라고 했었지? 틀림없이 멋진 곳일 거야."

너에게 하고 싶은 말

 다시 눈을 뜬 은채는 언제나처럼 불 꺼진 박물관 안에 서 있었다. 은채는 손에 든 다이아몬드의 선명한 감촉을 느끼며 눈앞에 걸린 액자를 바라보았다. 다른 여왕들과 달리 액자 속에는 초상화가 아닌 선명한 색의 사진이 담겨 있었다. 은채가 만났던 릴리벳과는 조금 차이가 있는, 하얀 머리의 엘리자베스 2세의 사진이었다. 하지만 그럼에도 은채는 그녀의 빛나는 눈동자와 고집스러운 미소를 보며 전쟁터를 누비던 릴리벳의 모습을 떠올릴 수 있었다.
 "안녕?"
 우당탕!
 바로 그때, 누군가 전시실 안으로 뛰어들었다. 깜짝 놀라 돌아보니 삼촌인 기찬이 숨을 몰아쉬고 있었다.
 "삼촌!"

"헉헉. 은채야, 이 일을 어쩌냐? 다 들통 났어."

"네? 들통 나다니?"

"목걸이가 사라졌다는 걸 알아챘다고! 지금 다 이곳으로 몰려오는 중이야. 경비 아저씨랑 대사관 직원, 경비업체 사람들까지. 난 이제 망했어."

기찬은 말을 하다 말고 머리를 쥐어뜯었다. 은채는 그런 기찬을 보며 고래를 휘휘 흔들었다.

"나 참. 삼촌, 누가 들으면 전쟁이라도 난 줄 알겠어."

"이거 거의 전쟁에 버금가는 비상사태란 말이야. 지금 실업자가 되면 난 정말……."

"거 참. 엄살 좀 그만 떨고 얼른 망이나 봐. 목걸이를 다시 만들어야 하니까."

은채의 말에 기찬은 고개를 번쩍 들었다.

"그럼 보석은 다 찾은 거야?"

은채는 손바닥을 펼쳐 먼저 찾은 네 개의 다이아몬드와 지금 막 되찾아온 마지막 다이아몬드까지 모두 다섯 개의 다이아몬드를 보여 주었다.

"짜잔! 나를 뭐로 보고. 당연히 찾았지."

기찬의 얼굴은 절망에서 환호로 바뀌었다.

"휴우, 살았다. 어서 연결하자."

"어디로 갔지?"

"저쪽을 찾아 봐."

"다른 것도 아니고 엘리자베스 여왕이 조심하라고 신신당부를 한 메리 여왕의 목걸이를 빼돌려? 걸리면 죽었어!"

바로 그때, 전시실 쪽으로 다가오는 성난 목소리가 들렸다. 은채와 기찬의 시선이 허공에서 마주쳤다.

"은채야, 삼촌이 저 사람들을 잠깐 붙잡아 놓는 동안……."

"응, 이 목걸이를 완성해서 유리관 안에 돌려 놓을게."

기찬과 은채은 비장한 눈빛으로 고개를 끄덕였다.

"너만 믿는다."

기찬은 은채의 어깨를 한 번 두드리고는 전시실 밖으로 후다닥 뛰어나갔다.

"저기다!"

"잡아!"

기찬이 나가자마자 요란한 고함소리와 발소리가 들렸다. 전시실 구석에 숨어 있던 은채는 발소리가 멀어지자 가슴을 쓸어내렸다. 그리고는 서둘러 다섯 개의 보석을 연결해 하나의 목걸이로 완성했다. 다시 만들어진 목걸이는 예전의 것보다 더욱 아름답게 보였다. 하나하나의 다이아몬드마다 은채의 추억과 사랑 그리고 여왕들과 나누었던 우정이 덧씌워져서였다.

"끄아아아악! 사람 살려!"

은채가 추억에 잠길 틈도 없이 복도 저쪽에서 기찬의 숨넘어가는 비명소리가 들렸다.

"으으. 정말. 벌써 잡힌 거야? 하여튼 운동은 무지 못해."

은채는 서둘러 메리 여왕의 초상화 앞으로 달려갔다. 그리고는 텅 빈 유리관 안에 목걸이를 살며시 내려놓았다.

"나 분명히 다시 돌려줬다. 봤지?"

은채는 초상화를 향해 찡긋 한쪽 눈을 깜빡이고는 다시 유리관 뚜껑을 닫았다.

딸깍!

유리관이 정확하게 닫히는 것과 동시에 등 뒤에서 우당탕 소리와 함께 누군가의 신음소리가 들렸다. 돌아보지 않아도 기찬일 게 뻔했다.

은채가 돌아보니 역시나 기찬이 끙끙거리며 신음소리를 내고 있었다. 바닥에 쓰러진 기찬의 등 위에는 배가 불룩하게 나온 경비 아저씨가 떡하니 걸터앉아 있었고, 또 다른 덩치 큰 아저씨들이 기찬의 양쪽 팔을 무릎으로 누르고 있었다. 기찬은 비명도 아니고 절규도 아닌 이상한 소리를 내고 있었다.

"뜨으으……."

"삼촌! 아저씨들 뭐하는 거예요! 우리 연약한 삼촌한테? 당장 그 손 놔요!"

은채의 커다란 고함소리가 전시실 안에 쩌렁쩌렁하게 울렸다. 오랫동안 여러 여왕들과 함께 붙어 다닌데다가 온갖 위험을 헤쳐 나온 덕분에 은채의 목소리에는 듣는 사람으로 하여금 거부하기 힘든 힘이 담겨 있었다. 덩치 커다란 아저씨들이 자신도 모르게 기찬을 잡고 있던 손에 힘을 풀었다.

"으으. 죽는 줄 알았네."

그 짧은 틈을 놓치지 않고 기찬은 재빨리 은채의 옆으로 도망가듯 옮겨 섰다.

"오라, 너로구나. 너도 한패지?"

그때 뱀처럼 날카로운 눈빛의 남자가 은채를 쏘아보며 외쳤다. 이번 전시회를 기획하고 모든 책임을 져야 하는 영국 대사관의 직원이었다. 은채는 허리에 손을 척 올리며 그의 앞에 마주섰다.

"한패라니요? 무슨 말인지 설명부터 해 주셔야죠."

"모른 척하기는. 너랑 저 사람이 짜고 메리 여왕의 다이아몬드 목걸이를 훔쳐간 걸 모를 줄 알고? 그게 얼마짜린지 알기나 해? 아니, 돈이 문제가 아니야. 그건 돈으로 값을 매길 수 없는 문화재인 동시에 한국과 영국 두 나라 간의 신뢰와……."

"으으! 진짜 말 많네. 아니, 우리가 무슨 목걸이를 훔쳐갔다고 이러세요?"

"모르는 척하지 마! 저기에 있던 다이아몬드…… 모, 목걸이가 저기 있네?"

성난 얼굴로 유리관 쪽을 가리키던 대사관 직원은 유리관 안에 고이 놓여 있는 목걸이를 발견하고는 입을 쩍 벌렸다. 다른 사람들 역시 그쪽을 바라보며 경악했다.

"어? 있잖아?"

"그러게. 조금 전까지만 해도 텅 비어 있었는데."

"이게 어떻게 된 일이야?"

사람들은 우르르 메리 여왕의 목걸이 앞으로 달려갔다. 대사관 직원은 이럴 수 없다는 말을 반복하다가 급기야 보석 감정을 할 때 쓰는 외눈 돋보기까지 꺼내들었다. 하지만 아무리 이리 살피고 저리 살펴도 목걸이는 진품이었다.

"에헴! 엄한 사람 잡을 뻔했는데 사과는 안 하시나?"

기찬은 조금 전 깔려서 뻣뻣해진 팔을 이리저리 돌리며 큰 소리를 쳤다. 그러자 조금 전까지만 해도 죽일 듯 노려보던 대사관 직원과 경비업체 직원들은 벌겋게 달아오른 얼굴로 사과를 했다. 그러고는 허둥지둥 박물관을 떠났다.

"조금 전까지만 해도 분명히 텅텅 비어 있었는데 이상하네. 이거 정말 귀신이 장난친 것 같구만."

북적대던 박물관이 다시 조용해지자 경비 아저씨는 머리를 긁적였다. 은채는 할 말을 찾지 못해 우물쭈물대는 기찬을 대신해서 말했다.

"아저씨, 원래 보석이란 게 빛을 잘 굴절시키거든요. 밤이라 아마 조명이 굴절되서 착시를 일으킨 걸 거예요. 목걸이는 여기 분명히 있잖아요."

"굴절?"

"네. 무지개나 신기루 같은 거요. 있는 것도 없는 것처럼, 없는 것도 있는 것처럼 보이게 하는 게 바로 굴절이거든요."

"그런 게 있어? 어휴, 도통 어려워서 원."

경비 아저씨는 무슨 말인지 모르겠다는 듯 고개를 흔들다가 문득 물었다.

"그런데 은채야, 넌 여기서 뭐하고 있었어? 화장실은 저쪽인데."

그의 말에 은채는 미소를 지었다.

"잠깐 길을 잃었었어요."

"길을? 네가? 나보다 박물관 출입을 더 오래 한 네가 길을 잃다니 별일이구나. 더 늦기 전에 어서 집에 가거라. 기찬이 자네도."

경비 아저씨마저 아래층으로 내려가자 기찬은 긴장이 풀린 듯 벽에 기대섰다.

"어휴, 심장 터지는 줄 알았다. 그런데 은채야, 너 목소리 엄청 박력 있더라."

"내가 그랬어?"

"응. 나까지 완전 얼었었다니까. 그나저나 제시간에 모두 찾아서 정말 다행이다."

기찬은 숨을 크게 들이쉰 뒤 말했다.

"우리도 집에 가자."

보석 전시회는 예정대로 다음 날 아침부터 시작되었다. 보석을 테마로 하는 전시회는 거의 없었던 까닭에 박물관 앞은 첫날부터 특별한 전시회를 보려고 몰려든 사람들로 북적거렸다.

은채도 길게 줄을 선 끝에 전시관 안으로 들어갈 수 있었다.

전시된 각 나라의 보석들은 지난 밤 얼핏 보았을 때보다 몇 배는 영롱하고 아름다웠다. 사방에서 쏟아지는 할로겐 조명은 정교하게 세공된 보석들을 더욱 빛나게 해 주었다.

"꺄아악! 저 왕관, 너무 예쁘다."

"저 무거운 걸 머리에 쓰면 목 무지 아프겠다."

"난 왕관보다 저 목걸이! 진짜 환상적이다."

은채는 사람들의 감탄사, 특히 여자들의 비명 같은 탄성을 들으며 남몰래 고개를 끄덕였다. 그리고 각각의 전시실을 돌아보았다.

"조명 아래에서 보니까 새롭네."

은채는 전시실 벽에 걸린 여왕들의 초상화와 그 아래 놓인 보석들을 번갈아 바라보며 미소지었다. 메리의 목걸이와 엘리자베타의 브로치와 왕관, 소서노의 왕관 등 각각의 보석들을 보는 은채의 가슴 한쪽은 그리움과 추억으로 따뜻해지기도 하고 저려 오기도 했다.

특히나 지난밤에 겪었던 신비하고 아름다운 시간여행의 시작이자 종착역인 메리의 목걸이는 은채에게 너무나도 특별하게 느껴졌다. 눈이 부실 정도로 아름다운 목걸이를 보며 은채는 지난 밤 만났던 여왕들과 또 한 사람의 얼굴을 떠올렸다. 자유를 갈망하고 자신을 사랑해 주던 한 사람.

'후안…….'

은채는 바다와 하늘을 닮은 그의 이름을 가만히 불러보았다. 이름을 부르는 것만으로도 가슴이 뛰고 눈가가 붉어졌다.

"역시 여기 있었구나."

은채가 넋을 놓고 메리의 목걸이를 바라볼 때였다. 누군가 등 뒤에서 은채의 어깨를 가만히 잡았다. 돌아보지 않아도 삼촌 기찬의 목소리라는 것을 알 수 있었다.

"삼촌, 이 목걸이 진짜 예쁘지?"

은채의 말에 기찬은 은채의 옆으로 나란히 서며 무섭다는 듯 어깨를 부르르 떨었다.

"예쁘긴. 이것 때문에 지난밤에 한 고생을 떠올리면 지금도 섬뜩한데. 내가 비록 보석을 좋아하고 내 직업 상 계속 봐야 하지만 이 목걸이만큼은 다시 마주치고 싶지 않다."

기찬의 엄살에 은채는 키득키득 웃음을 터뜨렸다.

"큭큭. 그런데 삼촌, 근무시간에 이렇게 돌아다녀도 돼?"

"아차, 내 정신 좀 봐."

은채의 말에 그제야 기찬은 양복 안주머니에서 하얀 편지봉투 하나를 꺼냈다. 그리고 그것을 은채에게 내밀었다.

"이게 뭐야?"

은채는 편지봉투를 받아들며 물었다.

"영국 대사관에서 너에게 보낸 초대장이야."

"초대장?"

은채는 고개를 갸웃거리며 봉투를 열었다. 봉투 안에는 기찬의 말대로 황금빛 왕실 인장이 찍힌 초대장이 들어 있었다. 초대장을 펴니 유려한 글씨체로 적힌 것은 틀림없는 자신의 이름이었다.

"나를 왜?"

은채가 묻자 기찬은 어깨를 으쓱했다.

"나도 모르지. 너 영국에 누구 아는 사람 있니?"

"지금까지 해외여행 한 번 해 본 적 없는 난데 그런 사람이 있을 리가 없지."

기찬은 은채의 말에 한 손으로 턱을 괴었다.

"그렇지? 그런데 널 왜 초대했을까? 그것도 오늘같이 특별한 날에."

"오늘이 왜 특별한데?"

기찬은 한쪽 벽에 걸린 엘리자베스 2세의 초상화를 가리켰다.

"오늘이 바로 엘리자베스 2세의 다이아몬드 주빌리 기념 만찬이 있는 날이거든."

"다이아몬드 주빌리?"

기찬은 무슨 큰 비밀이라도 털어놓는 사람처럼 속삭였다.

"올해가 바로 엘리자베스 여왕이 즉위한 지 60주년 되는 해란 말이야. 이 전시회도 사실 그걸 기념하기 위해 영국 대사관이 주도해서 여는 거고."

"릴리벳이 여왕이 된 지 벌써 60년이나 됐구나."

은채는 기찬에게 들리지 않을 정도로 조그맣게 속삭였다. 못 견디게 루이가 보고 싶어짐과 동시에 가슴 한쪽이 그리움으로 젖어들었다.

"삼촌, 어디로 몇 시까지 가면 돼?"

기찬은 나이답지 않게 깊은 은채의 눈빛을 들여다보며 빙긋 웃었다.

"은채 너 하룻밤 사이에 부쩍 자란 것 같다. 이젠 완전히 숙녀가 다 된 것 같은데?"

영국 대사관은 서울 시내 한복판인 정동에 자리하고 있었다. 은채는 정문을 지키는 대사관 직원에게 왕관 문양이 찍힌 초대장을 보여주고는 정원으로 들어섰다. 해가 기울려면 한참이나 남은 시간이었지만 대사관 앞마당은 일찌감치 모여든 사람들로 발 디딜 틈이 없었다. 초대된 손님들은 주로 세계 각국 대사 부부와 정, 재계 인사들 그리고 텔레비전에서나 보던 유명인들이었다. 은채처럼 평범한 소녀는 단 한 명도 없었다.

말끔한 양복을 입은 영국 대사는 연신 미소를 지으며 손님들을 맞이하고 있었다. 다이아몬드 주빌리는 빅토리아 여왕 이후 115년 만에 찾아온 영국의 경사스러운 기념일이었다. 더구나 같은 해에 런던에서는 세계인의 축제인 올림픽까지 개최되어 영국으로서는 겹경사가 아닐 수 없었다.

은채는 다른 손님들과 어울리지 못하고 정원 한구석에 우두커니 서 있었다.

"네가 은채구나?"

괜히 왔다는 생각이 들기 시작할 때쯤 누군가 은채의 어깨를 두드렸다. 은채는 누군가 싶어 뒤를 돌아보았다.

"누군데 내 이름을…… 루이?"

돌아선 은채는 눈앞에 선 소년을 보며 놀라 소리쳤다. 정말로 루이가 눈앞에 서 있었다.

소년은 은채의 반응에 큭큭 웃으며 말했다.

"맞았어. 내가 바로 루이야. 더 정확히는 루이 헤밀턴 3세."

"3세? 그럼……."

"네가 알던 루이는 바로 우리 할아버지란 거지. 아, 참고로 우리 할아버지는 얼마 전에 돌아가셨어."

루이는 거기까지 말하고는 신기하다는 듯 눈을 반짝이며 은채의 코앞까지 불쑥 얼굴을 들이밀었다.
　"그나저나 정말이었네?"
　"뭐, 뭐가?"
　루이가 불쑥 다가오는 바람에 은채는 한 발짝 펄쩍 뒤로 물러서며 되물었다.
　"너 말이야, 너. 할아버지가 하도 네 얘기를 하셔서 우리 집안에서는 널 모르는 사람이 없거든. 온 친척들이 과연 네가 실존하는 인물이냐 아니냐를 두고 내기까지 걸었다니까?"
　"내기라고?"

은채는 루이의 말에 인상을 찡그렸다. 하지만 루이는 그런 은채의 표정은 신경도 쓰지 않는다는 듯 빙글빙글 웃었다.

"말만 내기지 항상 꽝이었어. 내기라는 게 믿는 사람도 있고, 안 믿는 사람도 있어야 하는데 지금까지는 아무도 네 존재를 믿지 않았거든. 설사 믿는다 하더라도 찾을 방법도 없었고."

"아니, 멀쩡히 잘 살고 있는 사람을 왜 안 믿어? 그런데…… 지금까지라는 건 무슨 말이야?"

루이는 빙긋 웃으며 자신의 가슴을 손가락으로 가리켰다.

"내가 믿는다에 걸었거든."

"네가?"

루이는 고개를 끄덕거렸다. 반면 은채는 눈을 가늘게 떴다.

"지금까지 아무도 안 믿었는데 무슨 근거로?"

루이는 환하게 웃으며 주머니에서 무언가를 꺼내 들었다. 그것은 낡고 빛바랜 종이 한 장이었다.

"할아버지 유품 중에서 이걸 찾았거든. 여기에 런던 올림픽에 관한 내용이 있더라고."

은채는 처음에 그것을 알아보지 못했다. 하지만 루이가 접힌 종이를 펼치자 비로소 그것이 무엇인지 깨달았다.

"윽! 그, 그건 내가 루이한테 쓴 유치찬란한 편지잖아? 릴리벳 이 녀석! 이런 식으로 복수를 하다니……!"

"크크. 설마 너, 우리 여왕 폐하께 한 말은 아니겠지? 아무리 화가 나더라도 오늘만큼은 참아주라. 오늘은 다이아몬드 주빌리라고.”

루이는 은채의 새빨개진 얼굴을 보며 큭큭 웃었다. 그러고는 간신히 웃음을 그친 뒤 은채에게 손을 내밀었다.

“정말 만나고 싶었어. 다시 정식으로 소개할게. 난 루이 후안 헤밀턴이라고 해. 너와 친구가 되고 싶어.”

“난 은채야. 고은채.”

웃음기를 지운 루이는 가슴이 두근거릴 정도로 멋있었다. 은채는 두근거리는 심장소리를 들으며 그의 손을 마주잡았다. 그리고 직감했다. 루이와 함께라면 그곳이 어디든 설레고 즐거운 여행이 될 것이란 사실을. 은채의 얼굴에 환한 미소가 그려졌다.

‘이제 다시는 헤어지지 않기를…….’

전쟁을 이겨낸 여왕
엘리자베스 2세

　글자가 만들어지고 역사가 기록되기도 훨씬 전부터 인류는 크고 작은 분쟁과 전쟁을 겪어 왔습니다. 글자가 만들어지기 전에는 그림으로, 그 뒤에는 글자로 사람들은 그 아픈 역사를 후대에 남겼지요.

　그 중에서도 복잡한 국경선과 수많은 민족, 다양한 종교가 공존하는 유럽은 다른 곳보다 더 많고 처절한 전쟁의 상처를 간직하고 있습니다. 전쟁 역사 중 가장 중요하면서도 잔혹한 1, 2차 세계대전이 발발한 곳이 바로 유럽이니까요. 당연히 영국도 이 두 번의 전쟁에 휘말렸었답니다.

　두 번의 전쟁은 영국 사회에 많은 변화를 가져옵니다. 하지만 그 변화의 물결 속에서도 영국의 왕실만큼은 단단히 뿌리를 내린 거대한 나무처럼 꿋꿋이 제자리를 지켜냅니다. 그리고 그 가운데 가장 대표적인 인물이 바로 이 책의 주인공인 엘리자베스 2세입니다.

　엘리자베스 2세는 온몸으로 2차 대전을 겪은 여군주로, 그때의 경험을 바탕으로 그 뒤로 몇 차례나 이어진 영국 왕실의 고난을 견디어냅니다. 그리고 영국의 여왕이라는 긍지와 사랑으로 존폐의 기로에 선 영국 왕실을 지켜내지요.

　이제 그녀와, 그녀가 사랑하는 영국이 겪어야만 했던 전쟁의 역사를 살짝 들여다볼까요?

제1차 세계대전

　제1차 세계대전은 1914년 7월 28일부터 1918년 11월 11일까지 약 4년 4개월간 지속된, 세계 최초의 세계적 규모의 전쟁입니다. 이 전쟁의 직접적인 원인은 1914년

6월 28일에 일어난 사라예보 사건입니다. 사라예보 사건이란 세르비아 출신의 대학생 가브릴로 프린치프가 사라예보를 친선 방문했던 오스트리아의 황태자 프란츠 페르디난트 대공과 호엔베르크 소피아 황태자비를 암살한 사건을 말합니다.

사라예보 사건이 터지기 전까지 유럽의 강대국들은 팽팽한 긴장을 유지하고 있었습니다. 유럽 전통이 강자인 영국과 프랑스가 세계 각국에 식민지를 두고 제국주의를 팽창시켰고, 신흥 강자인 오스트리아와 독일은 새로운 질서를 만들려 하고 있었습니다. 러시아는 언제나처럼 남쪽으로 내려오고 싶어 했으며, 일본은 아시아의 새로운 강자로 성장하고 있었지요.

하지만 제국주의보다 더욱 무서운 것은 바로 민족주의였습니다. 다양한 민족이 수많은 이해관계로 얽힌 유럽에서 민족주의는 마치 언제 터질지 모르는 폭탄과도 같았습니다.

게르만족의 단결을 외치는 범독일운동은 1895년 창설된 범독일동맹의 이념에서 유래합니다. 하나 된 독일의 팽창을 주장하는 이들은 비스마르크 시절 막강해진 국력을 바탕으로 프랑스를 제치고 유럽 최강이 되기를 염원합니다.

오스트리아의 민족주의는 독일보다 훨씬 더 복잡했습니다. 당시 오스트리아에서는 독일어를 사용하는 오스트리아인과 소수의 헝가리인만이 지배 민족으로서 특권을 누릴 뿐이었고, 인구의 절대 다수를 차지하던 체코인과 슬로바키아인, 폴란드인, 루마니아인, 세르비아인과 크로아티아인 등 다양한 민족들은 피지배층으로 억눌린 삶을 살아야만 했습니다. 당연히 이들은 반발했고 그 중에서도 남부 발칸 지역에 살고 있던 슬라브족의 반발이 가장 강했지요.

이런 사실을 잘 알고 있던 오스트리아군은 세르비아와의 전쟁은 불가피하다고 생각했고, 이에 발생한 프란츠 폰 페르디난트 황태자 암살사건(사라예보 사건)은 그 구실이 되었습니다.

오스트리아는 황태자 부부가 암살되는 순간, 즉시 선전포고와 동시에 세르비아로 진격합니다. 오스트리아와 동맹관계에 있던 독일과 헝가리 역시 전쟁을 선포하지요.

오스트리아-헝가리, 독일의 군대가 세르비아를 공격하자 영국과 프랑스, 러시아 역시 그에 대응하기 시작합니다. 마침내 1차 세계대전이 시작된 것입니다.

복잡한 민족주의와 제국주의가 얽히고설킨 1차 대전은 장장 4년 4개월이나 지속됩니다. 영국과 독일 등은 그동안 발전시킨 신무기를 선보였고, 독일은 유보트라는 잠수함을 활용하여 바다를 장악할 수 있었습니다. 하지만 이 유보트의 무차별적인 공격에 미국의 상선들이 침몰하고 수많은 사상자가 생기자 침묵을 지키던 미국이 마침내 참전을 선언합니다. 또한 그때까지 중립을 지키던 이탈리아가 독일의 반대편에 참전하면서 팽팽하던 전쟁의 추는 영국 쪽으로 기울게 됩니다. 마침내 1918년 독일 제국 내에서 혁명이 발생하여 빌헬름 2세가 퇴위하고 공화정이 수립되면서 전쟁은 끝을 맺게 됩니다.

제2차 세계대전

제1차 세계대전이 완전히 해결하지 못하고 남겨둔 불씨가 번지고 번져 마친내 터진 2차 대전(Second World War)은 1939년부터 1945년까지 장장 6년 동안 세계의 거의 모든 나라가 참여한 대규모 전쟁입니다. 우리나라 인구에 가까운 오천만 명의 사상자를 낸 이 전쟁은 인류 역사상 가장 잔혹하며 참혹한 전쟁이기도 합니다.

독일 · 이탈리아 · 일본과 연합국 간의 이 전쟁은 유럽 대륙 뿐만 아니라 태평양의 여러 섬들과 중국, 동남아시아 등 세계 여러 대륙과 바다를 전장으로 확장시킵니다. 안타깝게도 우리나라 역시 이 전쟁의 소용돌이 한가운데 들어 있었습니다.

2차 대전을 일으킨 사람은 너무나도 잘 알려진 히틀러입니다. 반유대주의와 극렬한 민족주의자인 히틀러는 이탈리아, 일본과 동맹을 맺은 뒤 1938년 오스트리아를 침략합니다. 뒤이어 1939년 8월 연합군의 외교적 노력을 무시하고 폴란드로 진격합니다. 이것이 길고 긴 2차 대전의 시작이었지요.

팽팽하게 이어지던 균형이 깨진 것은 미국과 러시아의 참전입니다. 그때까지 침묵을 지키고 있던 세계 최강의 군사대국의 개입으로 독일과 이탈리아, 일본은 마침내 패전을 선언하지요. 이 전쟁의 결과로 힘의 주인은 유럽에서 미국과 소련으로 양분됩니다. 또 한 가지, 일본의 패전으로 우리나라 역시 오랜 일제 강점기에서 벗어나게 됩니다.

엘리자베스의 긍지와 사랑

두 번의 전쟁 이후 유럽 여러 나라의 국력은 쇠약해질 대로 쇠약해집니다. 또한 많은 국가에서는 세금으로 유지되는 왕정을 폐지시키지요. 하지만 영국에서만큼은 그런 목소리가 크지 않았습니다. 군복을 입고 직접 전쟁터를 누빈 엘리자베스 2세 덕분이지요. 그녀는 그 후에도 여왕이라는 긍지를 잊지 않았습니다. 그녀는 폐쇄적이던 영국 왕실을 사람들에게 개방하고 자진하여 세금을 낸다고 말해 영국 국민으로부터 더욱 사랑받았습니다.

세간을 떠들썩하게 만들었던 다이애나 왕세자비 사건 때에도 그녀는 여왕으로서 그리고 왕실의 주인으로서 굳건히 버킹엄 궁전을 지켜냈지요. 그리고 마침내 86세가 되는 2012년 2월 모든 영국인, 아니 전 세계 모든 사람들의 환호 속에서 역사적인 다이아몬드 쥬빌리를 맞습니다. 그때까지 그녀를 지탱해 준 것은 여왕이라는 긍지와 남편 필립의 한결같은 사랑입니다. 그 두 가지를 가진 그녀는 영국인들이 가장 사랑하는 여왕이며, 또한 가장 오래도록 기억될 여왕임에 틀림없습니다.

여러분도 마음속에 긍지라는 씨앗을 심어 보세요. 어려운 시절, 힘든 시간동안 그 씨앗을 잘 지키고 가꾸어 낸다면 언젠가 다른 어떤 꽃보다 더욱 아름답고 당당한 꽃을 피울 것입니다. 그리고 그 꽃을 가슴 속에 품은 여러분 역시 그 어떤 사람보다 빛나겠지요?